土地家屋調査士
うんちく先生

測量士・土地家屋調査士

加藤博永

文芸社

まえがき

　はじめに基礎知識として土地境界についてお話しします。

　土地境界には大きく分けて5種類あります。

　1つは土地の地番界です。筆界とも言います。1つ1つの土地には番号が付けられています。

　この番号を地番と言います。地番と地番との境界を公法上の境界と言います。これに対して、私法上の境界を所有権界と言います。所有権界については後述します。

　地番界は土地所有者同士で勝手に決めることはできません。現行法では裁判所の確定と法務局の特定をすることができます。裁判所では土地境界確定の訴えにより、争いとなっている土地境界を決めていきます。法務局においては筆界特定申請により法務局筆界登記官が特定していきます。しかし、「確定」「特定」というよりは、地番界はもともと決まっており、その境界を現地にて「確認」すると言った方が正しい表現かと思います。従って、土地家屋調査士や測量士が地番界を決めることはできません。

　2つ目は所有権界です。所有権界は私法上の境界で隣接する土地所有者同士で境界を決めることができます。読者の中には土地境界の立会いの経験がある方がいらっしゃるかと思います。土地家屋調査士または測量士から「土地の境界を確認したいのでいついつ何時に立会いのほどよろしくお願いいたします。」とお願いされた経験の方もいらっしゃるかと思います。現在は、土地家屋調査士または測量士がいろいろな資料に基づいて「地番界」に最も近いとされる境界について立会確認を行っており

ます。立会い後に土地境界確認書に署名捺印したかと思います。この土地境界確認書は民法上の契約行為とされております。契約行為なので再度立会いを行い、以前決めた境界とは違った境界に決めることもできます。つまり、所有権界は何度でも変更することができます。しかし、地番界はもともと存在していた境界なので変更することはできません。

　3つ目が占有界です。現在使用している境界です。この占有は土地所有者でなくともよいのです。土地を借りている借地人でもよろしいのです。または、無断で使用している人でもよいのです。この占有界が、後々、時効取得の問題へと発展することがあります。参考に、時効取得を主張するのは勝手ですが、時効取得を決定するには裁判の判決が必要です。

　4つ目が行政界です。県境とか市町村の境です。道路を行政界とする場合は、その道路がどちらの行政が管理するかで決まります。道路境界が確定していればその境界が行政界ですが、道路境界が確定していないところは現況道路の専有している境を行政界とします。たとえば側溝が設置されている線です。川の場合は主に川の中心とされています。山の場合は山の尾根を行政界としています。川や山を基準としている場合は自然現象により変化します。しかし、道路でも地震なのでその地域のみが広範囲に地盤が動いた場合などは、大きく動いた地域と小さな動きの地域との行政界は動いています。現在は地球全体を基準として世界測地系という座標値（GNSS測量で得たデーター）がありますので、どのくらい動いたかがはっきり分かりますし、再現することも可能です。

　5つ目が国境です。国境は国際法に基づいて決められています。しかし、昨今の領土問題や欧州の内戦により、はっきりと、ここですと示すことは難しいです。ミリメートル単位で表示す

ることは不可能です。

　以上、簡単に境界についてお話ししましたが、身近なものに地番界と所有権界と占有界の３つがあるということです。

　そして、それぞれの境界は一致していることもあれば違っていることもあります。違っているので近隣とのトラブルになります。境界についてトラブルをなくすということは、これらを一致させていくということです。

　また、45年の経験・体験・知識もお話しして参ります。

　これから用地測量を学んでいく測量士、土地家屋調査士にとっての参考になればと思います。

　登場人物の氏名は仮名です。

　経験は知識よりも勝り、体験は経験よりも勝る。

　知識が多くとも長く経験をした人にはかなわない。

　長く経験を積んできたからといって、短い期間で多くの体験をしてきた人にはかなわない。

　「生きざま」は、より多くの体験で決まる。

2024年１月

測量士・土地家屋調査士

加　藤　博　永

目　次

土地家屋調査士の心得と測量の基礎

　ああ、遅刻だ。初日から遅刻はまずいよな。ぶっ飛ばせと自転車を走らせている。

　測量専門学校を卒業し、6年間勤めた測量会社を辞めた。土地家屋調査士を目指すため土地家屋調査士事務所に就職したのだ。自宅アパートから近いというだけで、この土地家屋調査士事務所に決めたのである。

「おはようございます。」

　ぎりぎりセーフ。

「おはよう、遅刻だよ。」

　と、先生が時計を指さして言った。

　9時ちょうどである。数秒遅刻したのかな。

「9時の約束なら、9時には仕事が始まれるような状態にしておくように。」

「はい、すみませんでした。」

「現場に行くよ。準備して。」

　良かった。作業着に着替えてから家を出たので、すぐ、対応ができた。

　私は、のんびりした性格で、しかも、人を信じやすい。自分でも言うのもなんだが、素直である。

　すぐに謝ってしまう小心者ともいえる。

「今日は、ここへ行くよ。」

　先生は、カーナビの目的地を指して言った。カーナビは運転席の真ん前に取り付けられているので、助手席にいる私は覗き込んだ。中央区だった。

運転をしながら先生はあれこれと聞いてきた。

　面接に行ったときは、郷里が栃木県というだけで、即、採用だった。聞かれたのは「曽根さんのビジョンは何ですか。」だけだった。「父の司法書士事務所で一緒に働くことです。」と答えた。

　渋滞している。この通りは、いつも渋滞だ。

「曽根君、土地家屋調査士の心得は何だと思う。」

　えっ、心得って何だ。何だ……。そうだ、土地家屋調査士法の最初に書いてあったな。スマホで検索して土地家屋調査士法第1条を読み上げた。

「それは使命だろ。心得だよ。」やさしく先生は言う。

　心得……。何だ……。

「間違わないで測量すること。」

「間違わないは否定的な表現だろ、肯定的に言うと。」

「えーと、正しく、正確に測量すること。」

「土地家屋調査士の心得は『こころを豊かにすること』だよ。では、心を豊かにするために何をしたらいいと思う。」

　先生は、前を見ながら、まじめな顔で質問してきた。

　また、私は考え込んだ。

　すると、先生は、ちょっと嬉しそうな顔をして、

「多くの映画を観るといいよ。」

「映画を観るんですか。」

「そう、映画を観るんだ。今の曽根さんにお勧めは『雨あがる』がいいね。それから『セント・オブ・ウーマン』や『小説家を見つけたら』もいいね。」

「はい、観てみます。」

「ストーリーを楽しむのもいいが、セリフをしっかり聞くといいよ。同じ映画を3回観るといいね。1つの『ことば』から自分

のこころにグサッとくるものがある。そして、その『ことば』を自分のものにするのだよ。使ってみよう。使ってみて違和感がなくなったら自分のものになったということだね。心に刺さったいろんな言葉を使いつづけるといいね。」

　先生の超オタクなウンチクとの始まりである。この後、先生のウンチクに付き合わされることになるとは、まだ、私には分かっていなかった。

　先生は、ウンチクを話し出すと止まらない。話すことを楽しんでいる。テレビドラマの「ガリレオ」に出てくる湯川教授を60歳にした感じである。

　オーストラリアをオートバイで1周した話を、スライドを見せられながら、延々2時間も聞いたこともあった。

　あまりにも楽しく話すので、最後まで、休憩なしで聞いていた。

　現場に着いた。
「挨拶に行ってくるから、スコップ、バールを用意しておいて。」
　境界標も見つかり、トラバーの選点も終わった。
「ここに測量機を据えて。あれをバックにして。右回り観測ね。」
　経験者扱いをしてくれた。嬉しかった。
　しかし、
「三脚のベルトは、ブラブラさせたままにしないで締めてね（①参照）。ベルトをブラブラさせて測量しているということは、測量の精度もブラブラさせた、いい加減な測

量しているということになる。つまり、測量の精度にこだわっていないということだな。それから、脚は跨がない。」

　先生は携帯を取り出した。そして、脚を跨いで観測している姿と脚の間に立っている私の姿を写真に撮った。

A

B

「この写真をAとする。この写真をBとする。どっちが美しい。」
「うーん、Bですね。なんか、サマになっている。」
「私も、そう思う。Bの方がカッコいいよね。それだけではないのだよ。Aは三脚を蹴るリスクが多いのだよ。」
「はい、分かりました。」

　脚の間に立って、観測を始めた。すると、また、先生から
「両目を開けてレンズを覗きなさい。」
　えっ、片目をつぶった方が観測しやすいのだけどな。
「両目を開けた方が、長時間の観測をしても疲れないのだよ。」
「はい、分かりました。やってみます。」
　最初は片方の目を閉じたり開いたりしていたら、「誰にウィ

悪い例

　1．右手で機械に触れている。触れる手は、片方の手のみ。
　2．片目をつぶって観測している。

ンクしてるのだい。」と、言われてしまった。

「それから、視野が広くなり、ミラーを持っている人や観測者の安全確保になる。ミラーを持っている人に車いすの人や自動車が近づいたときに注意を伝えられるね。観測者にも同じことが言えるね。」

確かに、楽だ。職人になった気分だ。土地家屋調査士は技術者というより職人だね。

次の観測のため、次のトラバーに移動しようとすると、ここでも、先生から一言。

「10mくらいの移動でも、必ず、測量機をケースに入れて移動だよ。」

このくらいの近さの移動に、いちいちケースに入れるのか、面倒だな。

測量会社では移動するとき、測量機を三脚から外して機械は手で持ち、脚を肩にしょって移動した。近い距離の移動のときは、測量機を脚に取り付けたまま、抱えて移動していた。

「このことも、予想外の出来事にも対応できるようにする安全策だよ。」

と、先生は言う。

「最初は意識して行動し、その行動が無意識になったとき、成果を生み出すのだよ。」

とも言った。

何のことやら、私には、まったく理解できなかった。かえって、小うるさいと感じた。周りは興味がないのに、ウンチクを傾けて話している湯川教授のようにも思えた。

先生のホームページを見ると、測量に対する情熱が感じられ、納得はできる。他の土地家屋調査士事務所の先生は、ここまで勉強していなかった。ただ、年数を積んでいるという感じだった。

先生は、法律ばかりでなく、判例にも詳しかった。また、体験をとても大切にしている人と感じた。

　面接のときも、「今の気持ちは？」と聞かれた。

「頑張りたいと思います。」

　と、応えると、

「思いや考えではなく、感情は？」

　と、聞き返された。

　えっ、感情？　感情って何。それを言ってどうなるの？　と思った。

　すると先生は、

「今、自分が感じている感情を観察して、真剣に向き合えば、次の行動が具体的に見えてくるよ。」

「はい、頑張ろうというワクワク感があり、ちょっと不安もあります。」

　先生はうなずいた。

「そのワクワク感とちょっと不安という感情を大切にするといいね。すると、感情に流されての行動はなくなり、感情をコントロールできるようになるよ。」

　先生から、技術ばかりでなく、人生についても学ぼうと、この土地家屋調査士事務所に再就職を決めた。

機械の設置は1分以内で0.3㎜以内

　昼食を済ませ、つづきの測量を始めた。

　私への講義で時間を取ってしまい、午後への持ち越しとなった。申し訳ないと思った。また、ありがたかった。土地家屋調査士の資格を取ったら独立することを先生は知っているのに、真剣に私に接してくれている。

　測量機の設置が終わった。

「設置するのに、何分かかったと思う。」と、先生は聞く。

「2分ですか。」

「いや、3分40秒です。その設置の仕方だと、土のところで約6分、斜面のところで約10分は必要だね。」

　3分40秒ならば、早い方じゃないか。私は6年も測量の経験があるのだぞ。最初は10分くらいかかっていたけど。

「1分以内で、0.3㎜以内に設置するといいね。」

　そんなの無理だよ。できるわけがない。

「今、無理だと思ったろ。ここを見てごらん。」

　と、先生は、3つある整準微動ネジを指した。

　私は、ちょっと身を引いて、見抜かれたと思った。

「この整準微動ネジは、溝が2㎜くらい上の方にあり、こっちは、整準微動ネジの溝が見えないね。」

　だから、何だというのだ。

「それは、脚の台が水平になっていないということなのだよ。それに、測量機の一部が台から少しはみ出ているね。」

　それも、悪いというのか。この状態を写真に撮られた。なんか、嫌な気分。そういえば、先生は感情を観察して大切にすると良いと言っていたな。

微動ネジの溝が上げ過ぎている

機械が台からはみ出ている

　「これから、測量機の据え方を教えます。６年間やってきたことは忘れてください。」

「はい。」と、私は気を付けの姿勢で一礼した。
　先生は、そんな私を見て、ニヤッと微笑んだ。

　先生が教えてくれたことの流れを説明すると、次のようになる。

1　三脚の中心にトラバーがくるように設置する。目検で良いとのこと。

　　このときに、三脚の測量機を乗せる台は水平にする。目の高さを台の高さになるように腰をかがめて、確認しても良いとのこと。これも目検で良いとのこと。

　　このとき、足の爪先が台の中心と直線上である感覚を覚えておく。

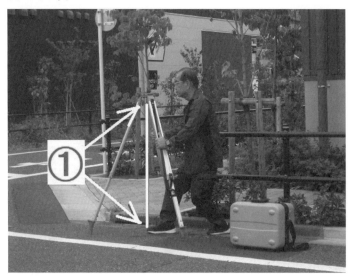

2　測量機を台に乗せ、ネジを締める。
　スイッチをONにする。
　ここでスイッチをONにしておくと、起動するまでの時間のロスがなくなる。

③ 利き足の爪先をトラバーの鋲を指すようにする。

　このときに、足の爪先が、三脚の台に乗っている測量機の中心にきている感覚を覚えておく。

④ 手前の2本の脚を持つ。

利き足の爪先はトラバーの鋲を指したままで、2本の脚で台を水平にする。

この段階では、まだ、目検で良いとのこと。

③の写真を参照。

⑤ 2本の脚を使って、測量機の下部の円形気泡管の気泡を円の中に入れ、求心望遠鏡で望遠鏡内部の黒点マークを鋲の直径内に入れる。

両目を開けながら、右目で求心望遠鏡を覗き、左目で円形気泡管を見る。

これが、できない。

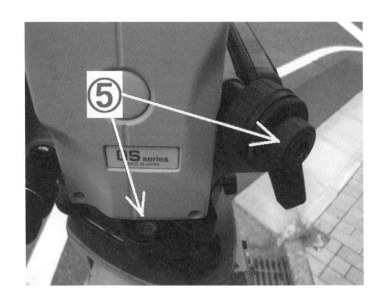

　先生は老眼が進むにつれ、両目で同時に見る力が衰えてきたとのこと。今は、顔を動かさず目のみを動かして、交互に確認しているとのこと。

　これもできない。どうしても、顔が動いてしまう。だから、円形気泡管を見たあと、求心望遠鏡を覗くときに時間がかかってしまう。

　黒点マークを鋲の直径内に入れると、円形気泡管がズレ、円形気泡管の気泡を円の中に入れると黒点マークは鋲の直径外になってしまう。私はこれを何度も繰り返す。

　先生はこの作業を10秒くらいでやってしまう。10秒で、脚の台が水平で測量機がトラバーの鋲の直径内にきている。

　私は思わず、軽く手をたたいた。先生のどや顔を見た。

　先生曰く、
「足の爪先の上が測量機の中心にきている感覚が研ぎ澄まされ

ている。 ２本の脚をどのように動かせば、脚の台を水平に保ち
ながら、黒点マークを鋲の直径内に入れる感覚が体に染みつい
ている。」とのこと。

　下水道配管工事の人が、先生の測量教室へ毎週日曜日に通っ
ていたそうである。その人は、１日に２時間、測量機の設置を
練習していたそうだ。そして、２分以内に0.3mm以内で設置で
きるようになったそうである。たった、６時間の練習でだ。

　私は、１カ月かかった。だから、先生は、今までの６年間の
経験を忘れるようにと言っていたのだと思った。

　他の土地家屋調査士先生に教えても、今までのやり方を変え
る気がなく相変わらず１mm以内で３分以上かかっているそうで
ある。もし0.3mm以内ならば、５分以上はかかっているだろう。

　先生曰く、
「土地家屋調査士の管轄は法務大臣で、国土調査法の誤差の範
囲内であれば良い。それに、５点以上のトラバーを組もうとし
ない。それ以上になる場合は、オープントラバーとしている。
１cm以内は誤差の内と思っているからだよ。」とのこと。

　さらに、先生は、こうも言った。
「一度、脚の伸縮ネジを締めたら、二度と緩めるな。」と。

　同じ脚の長さなので、毎回、同じ機械高で設置できるとのこ
と。先生は常に機械高の違いは１cm以内である。

　私は、脚の台を水平にするときに脚の長さを変えていた。脚
の長さを変えて、円形気泡管の気泡を円の中に入れていた。脚
の伸び縮みの作業で１分は費やしていた。

6　ここで、脚を踏み込んで、脚が横ずれしないように固定す
　　る。私は、4の前で脚を踏み込んでいた。

⑦　脚を踏み込んだことによってズレてしまった円形気泡管の
　　気泡を整準ネジで円の中に入れる。

　先生は、整準ネジを両手同時に動かして、見事に気泡を中心
に入れてしまう。わずか、2〜3秒だ。すごい。驚きだ。

　私は、今まで、脚を伸縮させて、円形気泡管の気泡を円の中
に入れていた。

⑧　求心望遠鏡を覗いて、望遠鏡内部の黒点マークがトラバー
　　の鋲の中心になるように、測量機を滑らして移動する。

⑨　測量機の液晶画面にある気泡管の気泡が整準ネジを使って
　　中心になるように移動させる。

　目安は、画面左上のX
とYを20″以内にする。
これをチルト調整とい
う。

　先生曰く、「神経質に10″
以内にする必要はない。」
とのこと。

その説明を先生は図に書いて説明してくれた。

機械高を１m50cm とした場合の例

測量機設置の注意点
0.3㎜以内を意識する。

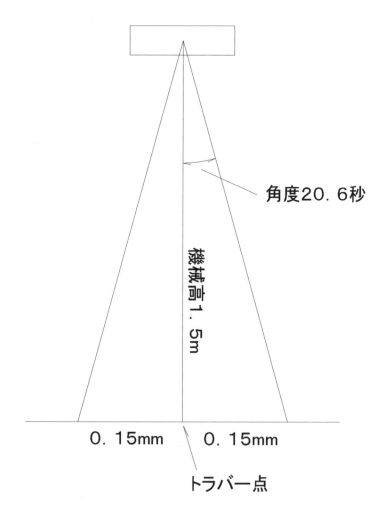

角度２０．６秒

機械高１．５m

0.15mm　0.15mm

トラバー点

測量機の傾きが１分の場合は、

Tan（０度１分０秒）　×　1.5m　＝　0.43㎜
　　　　　　0.43㎜　×　２　＝　0.83㎜
逆打ちをする場合は、測量機の傾きが１分でも十分。

⑩　測量機の上部を約90度に振って、⑧と⑨を同じように行う。

⑪　もう一度、測量機の上部を約90度に振って、⑧と⑨を同じように行う。
　この作業を２回繰り返すだけで、測量機は0.3㎜以内に設置できる。
　なぜならば、機械の台がすでに水平だからである。

　先生は、ここまでの作業を１分以内で行ってしまう。すごい。
　その理由は、三脚による水平ではなく、２本の三脚で水平にしているため、水平が保たれているので機械をズラしても気泡もズレていないわけだと思った。
　私は、今まで、⑦のとき、脚を伸縮させて円形気泡管の気泡を円の中に入れていたため、脚の台が水平になっていなかった。そのため、その後の作業の⑧と⑨に時間がかかっていた。

　この間の説明で、首をかしげながら脚を設置している私の姿や真剣に聞いている私の顔を見ながら、先生は、どや顔の湯川教授になったり、ニヤッと微笑むアインシュタイン博士になったりしていた。

観測点は0.3mm以内

「では、つづいて、あのトラバーを視準してください。」
「はい、Ｔ５ですね。合わせました。」
「ストップ。どれどれ、うーん。」
　先生は、上下の微動ネジを回した。
「覗いてごらん。」
　望遠鏡を覗くと、微妙に、望遠鏡内の十字線とＴ５に設置してあるピンポールがズレている。距離にして0.3mmくらいだと思う。これくらい、良いのではないかと思った。
「このくらいのズレは良いのではないかと思ったでしょうが、トラバー点が10点以上にもなると、または、オープントラバーとした場合は、誤差の累積で角度に１分以上の誤差が生まれるよ。」
　このズレは、私は望遠鏡内の十字線の内、２本ある線でピンポールを挟んで観測している。先生は、望遠鏡内の十字線の内、１本ある線をピンポールに合わせている。
　再び、先生は、電卓を使いながら、図で説明してくれた。
　先生のウンチクの始まりだ。日本土地家屋調査士会連合会で学生を対象にしたＰＲ動画コンテストがある。先生のお子さんが優秀賞を受賞した。30秒の動画の内容は子供が砂場で遊んでいて土地家屋調査士の話をしていた。そこへ天使に扮したおじさんが現れる。おじさんは土地家屋調査士について延々と話し始める。子供たちは無視してその場を立ち去る。まるで天使に扮したおじさんがウンチクを傾けて話す先生のようで、笑えた。
＊「土地家屋調査士ＰＲ動画コンテスト」で検索してみてください。土地家屋調査士入門編として必見です。

視準の注意点

視準線の１本の線で視準する。
観測角の誤差を考える。

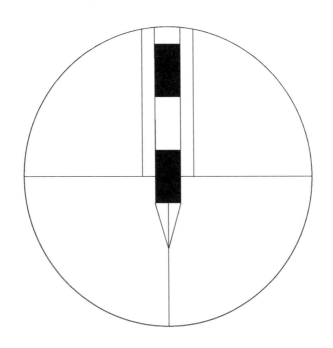

「４ｍ先で角度が１分違ったら、位置誤差は１㎜」

Tan（０度１分０秒） × 4.0m ＝ 1.1㎜

20m先で角度が10秒違った場合の位置誤差は？

Tan（０度０分10秒）×20.0m ＝ 0.97㎜

あとは比例計算で、40m先で角度が10秒違った場合の位置誤差は、1.96mmとなる。

　確かに、今まで、私のトラバー測量で閉合差が、必ず、1分以上あった。でも、誤差の配分で、たいしたことはないと思っている。ちょっと、厳し過ぎると思った。

　その後の先生のトラバー又測量を見てみると、精度は、必ず、7万以上はあった。つまり、70mで1mmの誤差ということである。先生曰く、「この程度の誤差内にすることは当たり前」とのこと。時には、角度と距離の誤差が0mmとなることもあった。

「次は、境界標を観測していくね。あそこの金属標から始めようか。」

「はい。」

　と言って、走って行った。

　そして、小ミラーのピンポールを金属標の矢印先の角に立てた。

　すると、先生は測量機の周りを機械のケースやコーンで囲った。測量機の脚を他の人に蹴られないようにである。そして、こちらに走ってきた。

「これだと、矢印の先とピンポールの先がズレているだろう。」

「えっ！」

　ほんのわずかです。0.5mmくらい。これが、ズレているというのだろうか。合っていると思うが。なぜ？

　また、先生は、図に書いて説明してくれた。

　長くなりそうな予感がした。先生のどや顔を見ながら、私は新入社員のように黙って聞いた。

観測点側の注意点

境界標の角には、ミラーのポールは立てられない。
物理的に不可能である。

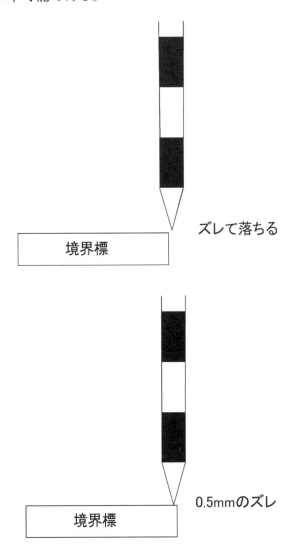

ズレて落ちる

境界標

0.5mmのズレ

境界標

最初に赤鉛筆等で指して、測量機の角度を固定する。

　観測者の合図を受けたら、次に、ミラーのピンポールを浮かして立てる。

　上手く浮かせない場合は、もう片手で補助する。

　または、ミラーのピンポールの先を尖ったものでなく、少し、すり減ったものを直接立てて使用することもできる。

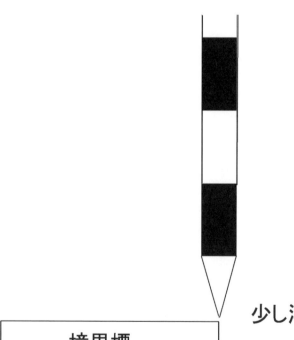

少し浮かす

境界標

「わずかと思っているだろうが、トラバー観測などの誤差の累積で、約2㎜の誤差が生まれてしまうのだ。」
「先生、そこまで、正確に測量する必要があるのですか。」
　ちょっと、生意気に質問をした。
　すると、また、先生は図に書いて説明を始めた。
　もう、うんざりと思ったが、黙って聞くことにした。
　先生は、図を描きながら、

　　　　①　　5㎜
　　　　②　　10mm
　　　　③　　20mm

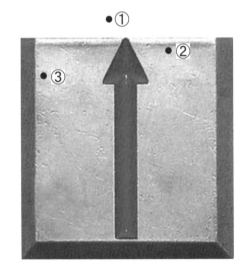

「3つの再現点に番号を付ける。曽根君は、どの点だったら、許せる範囲だと思う。」
「②の10㎜ですね。」
「私は許せて①の5㎜。しかし、私は3㎜以内を目標にしている。」

それは、ちょっと、厳し過ぎるのじゃないか。ましてや、そこまで正確に測量する意味があるのだろうか。やり過ぎともいえる。

「10㎜だと、測量の誤差の累積で、15㎜かもしれないよ。それで、この金属標は動いておりませんと、土地所有者に胸を張って言えるかな。既存の金属標も正確に測り、トラバース測量の閉合誤差も3㎜以内にすれば、測量誤差の累積があっても、①の5㎜以内にすることは可能だよ。このように測量をすれば、胸を張って、この金属標は動いておりませんと説明できるよね。」

「でも、先生、国土調査法施行令では、一番厳しい精度区分甲一で筆界点の位置誤差は60㎜ですよ。」

＊位置誤差

筆界点の位置誤差とは、当該筆界点のこれを決定した与点に対する位置誤差をいう（国土調査法施行令別表第四）。

　具体的には、Ｔ1トラバーからの測量点とＴ2トラバーからの測量点のズレである。

　または、計算点をＴ1トラバーからの再現点とＴ2トラバーからの再現点のズレである。

「よく勉強しているね。まず、国土調査法施行令が施行されたのは昭和27年だ。その頃の距離の測定は50mまで測量できる鋼巻き尺という鉄製のものだったんだ。今では、測量機の進歩もあり、距離測定は光波で観測している。なのに、誤差の限度は1回も改正されていないんだ。」

「えっ。そうなんですか。」

「つづきは、事務所に戻ってから説明するよ。今日中に測量を
終わらせたいんだ。」

　事務所に戻ってからの先生の話のつづきをまとめると、

1．国土調査法施行令別表第四の誤差の限度は、鋼巻き尺等で
　測量した場合の許容誤差とのこと。

2．現在の測量機器での許容誤差ではない。光波測量機器での
　誤差の限度を別に設けるべきだ。

3．国土調査法施行令別表第四の誤差の限度は、測定の誤差で
　はなく製品の精度ともいえる。

4．現在の測量機器での位置誤差の限度は、5㎜以内が妥当と
　のこと。

5．10㎜も違ってしまうと、この金属標を基準にブロック塀を
　作られてしまった場合、ブロック塀が越境してしまうとい
　う問題が生じてしまう。

6．先生が3㎜以内としているのは、現在の測量機器の誤差内
　のため、越境問題が生じないということである。

　これらのことは、後日の境界確認の立会いに、一緒に行った
とき、とてもよく理解できた。

　先生は、こんなふうに、付け加えて説明してくれた。

　地積測量図や道路境界図などの資料には、距離という数字が
表示されている。

　この数字に最も近い点を現地に表示する。

　逆打ちとは、現実と夢が重なり合った喜びです、と後日教え
てもらった。

「数字は存在するが、数は存在しない」
「測量とは、存在しない数を捜し出すこと」

　測量の精度を厳しくすることにより、存在しない数を捜し出せるとのこと。これを最確値と言うそうである。
　「測量の精度を緩くして観測したものは最確値とは言えない。」と、先生は言う。
　筆界を扱っている土地家屋調査士は、もっと正確に測量すべきだと言っていた。
　また、「最確値を見つけ出すための計算方法も、人によって違うようだが、手間を惜しまず、最善の計算をすべきだ。」とも言っていた。
　これも、後日の計算方法の説明で、よく理解できた。後記の「座標計算の手順」を参考にすると良い。
　私は、筆界というものを甘く理解していた。

　先生が、最後に言ったこと。
　「曽根君は、測量士の資格を持っている。これから、土地家屋調査士の資格を取ろうとしている。土地家屋調査士の技術で満足するか、測量士としての技術を磨いていくかは、曽根君の考え次第です。」

　先生は、「測量とは」にたどり着くのに30年かかったそうである。法律、判例、実務の誤差などを勉強しているうちに、自然に、この言葉が浮かんだそうだ。
　チコちゃんは「つまんねーの。」と言うだろう。

自分が行った測量と計算に自信を持て

「おはようございます。」

　昨日は、とても勉強になった。今までの測量は何だったのだろうと思った。前の会社の先輩からは、詳しく教えてもらったことはなかった。

　先生は、最近、測量士の質も落ちてきたなと言っていた。きちんと、後輩を育てるという測量会社がなくなったとのこと。土地家屋調査士事務所でも補助者を育てるという事務所がないということ。社員や補助者を育てるというよりは、人手不足の人夫の扱いだ。

　道路にトラバーの鋲を打ち、その横に、点名を書く人がいる。その点名の字が３cmも大きく書く人がいるとのこと。これが、その表れだと先生は言う。

　先生は、測量会社の新入社員のときに、この点名の書き方も教えてもらったことがあるとのこと。

　点名は２cm以内、トラバーの進路方向に向けて書きなさいと。

＊後記の「測量はベクトルを測っている」を参照してください。

「点名の書き方を見ただけで、その測量士や土地家屋調査士の測量精度がわかるという。」

　と言いながら、先生はトラバーの鋲に点名も書かなければ、黄色のペンキで印となる丸も書かない。自分が設置した鋲くらい、どこに打ったかがわかるだろと言う。

　しかも、道路に鋲を打つ行為は道路法に抵触する可能性があるとのこと。行政は、それを黙認しているか、道路法を知らな

いだけだと言う。先生は、その法律を知っていて言っているから、罪は重いと言う。常習犯で過失にならないとのこと。

「おはよう。」

私の机の方に歩んできて、先生は挨拶をした。

「昨日の測量結果を計算してください。まず、トラバース計算から始めてみて。」

「はい。」

トータルステーションからデーターを入力したＵＳＢメモリーをパソコンに差し込んだ。

電子野帳取り込みで、全データーをダウンロードした。観測手簿計算をせずにトラバース計算に移った。閉合トラバーに設定し、計算を始めた。

オー！　すごい。

トラバーが８点、総距離が316ｍで、閉合差の角度が20秒（１）、ΔＸが３㎜（２）、ΔＹが１㎜（３）である。

精度は、1/100033（４）だ。つまり、100ｍで１㎜の誤差ということである。

さすが、先生の観測はすごい。短時間での観測が、ここまで精度が良いとは驚きだ。先生にとっては、これが当たり前なのだろうな。

「先生、できました。さすが、先生です。精度が10万を超えています。」

「うん、いいね。ここで、最確値を求めていくんだ。さらに精度を高めるんだ。観測手簿計算をしてごらん。」

「はい。」

と、素直に返事をする私です。

でも、これで十分だと思うけど。これ以上の精度を求める必要はないと思う。先生のことだ、何か理由があるのだと思った。

トラバース計算　計算書

現場名：○
路線名：○

計算モード　2次元平面距離開閉結合

初点：346 : T1

器械点	視準点	水平角	補正	方向角	距離	ΔX	ΔY	εX	εY	X座標	Y座標	測点
T1	T8			100-00-00						500.000	500.000	346 : T1
T1	T11	141-57-28		241-57-28	25.434	-11.957	-22.448			488.043	477.552	348 : T11
T1	T2	253-35-43	-3	353-35-40	13.384	13.300	-1.493			513.300	498.507	349 : T2
T2	T3	177-41-06	-2	351-16-43	15.319	15.142	-2.323	0	0	528.442	496.184	350 : T3
T3	T4	208-08-35	-3	19-25-15	76.212	71.876	25.341	0	1	600.319	521.525	351 : T4
T4	T12	184-06-55		23-32-09	103.585	94.968	41.364			695.287	562.889	352 : T12
T4	T13	56-10-55		255-36-09	30.682	-7.629	-29.718			592.690	491.807	353 : T13
T4	T5	228-00-63	-2	67-26-06	28.438	10.913	26.261	1	1	611.232	547.786	354 : T5
T5	T6	280-36-15	-3	174-02-18	51.327	-51.049	5.331	1	0	560.184	553.118	355 : T6
T6	T7	171-11-58		165-14-14	61.863	-59.811	15.761	0	1	500.373	568.879	356 : T7
T7	T8	276-18-23	-3	261-32-34	38.942	-5.727	-38.519	1	0	494.647	530.360	357 : T8
T8	T1	198-27-28	-2	280-00-00	30.828	5.353	-30.360			500.000	500.000	346 : T1

総　計:　1800-00-20　　　　　　　　316.303

既　知　点：1800-00-00
閉　合　差：0-00-20　①
公差（制限）：
角度配布点数：8

座標閉合差 X：-0.003　②　　-0.000　　-0.003
座標閉合差 Y：-0.001　③　　0.000　　-0.001
座標配布点数：8

精　度：0.003162

初　点：500.000　500.000
結合点：500.000　500.000

精　度：1 / 100033　④

- 1 -

また、**最確値＝観測値−考えられる誤差**とのこと。

　観測手簿計算を飛ばしてしまったので、電子野帳取り込みに戻り、観測手簿計算をした。

「先生、計算しました。」

「どれどれ、うん、かなり良い観測だね。申し分ないね。でも、この観測手簿計算内に本来の観測値が隠れているんだ。本来の観測値があるのに、機械の本来持っている誤差と自分自身の未熟さから出た観測誤差を単に平均した値で計算してしまうと、数を捜し出すことはできないな。自信をもって土地所有者に5㎜ズレていると説明できないな。もしかしたら、7㎜もズレている可能性があるからね。」

　まあ、言っていることはわかるが、土地家屋調査士のレベルで、そこまでやる必要があるのだろうか、と心の中では、もやもやした気分だ。

　先生は、さらに言った。

「**本来の数を捜し出す**ことは、本来の自分を捜し出すことでもあるよ。そこに、自信が生まれるんだ。これで十分と思った瞬間に成長はない。測量観測でも、**測量計算でも精度を高めようとする姿勢が、自ずと、自分自身の成長に繋がる**よ。**自信が持てる**ようになると、人の接し方も自然に身に着く。境界立会のときに役に立つよ。」

　45年間で、5千人以上の人から土地境界確認書に署名捺印をいただいた先生の言葉には、重みがあった。

「時には、自分自身の未熟さも感じることもあるけどね。」

　と、付け加えて言った。

　でも、これでいいやと思っていたら、自分自身の未熟さも知ることはできないだろうな。

　チコちゃんに、「ボーっと生きてんじゃねーよ。」と叱られそ

うだ。先生だと、「ズレてんじゃねーよ。」と、叱られそうだ。

「では、隠れている本来の観測値の捜し方を説明するね。」
　先生から説明された手順を書く。
1．正反の観測角を平均値ではなく、正（望遠鏡ｒ）または反（望遠鏡ｌ）のどちらかを計算に採用する。
2．バック（後視点）のトラバーの水平距離を計算する。
　　トラバース計算で、バック（後視点）のトラバーの距離は採用されず無視されている。進行方向のトラバー（前視点）距離のみが採用されている。
3．進行方向のトラバー（前視点）距離またはバック（後視点）のトラバーの距離のどちらかを計算に採用する。

「先生、できました。閉合差の角度が0秒、ΔXが1㎜、ΔY
が0㎜です。総距離316mで座標閉合差が1㎜です。精度は、
1/316307（300mで1㎜の誤差）です。31万を超えました。」
　計算の優先値を採用すると、ここまでの精度が出るんだ。す
ごい。
「うん。そうだね。正（望遠鏡r）と反（望遠鏡l）の1対回
を行うのは、曽根君も知ってるように機械の性能誤差を小さく
するために行うんだ。でも、よほど機械が狂っていない限り、
観測値は変わらず、同じでなければならないんだ。違っている
ということは観測者の観測誤差が生じるということだ。観測者
の未熟さともいえる。」
　とはいえ、先生の観測に未熟さは感じられない。かなりのベ
テランである。10万以上の精度を出せるということは職人でも
ある。しかも、先生の言う未熟な観測部分を除くと精度は30万
以上になる。かなりの正確さである。
　これならば、**自分自身の測量に自信が持てる。**
「この作業を行うのにトラバーが8点で、約10分でできる。こ
の10分間を面倒だと言って行わない人もいる。ましてや、許容
誤差内だと言って、ほとんどの人がやらない。
　それでは、土地家屋調査士法1条の『筆界を明らかにしてい
る』とは言えない。測量誤差が2㎜以内ならば、既存の境界標
が10㎜動いていますと、土地所有者に自信をもって説明する
こともできる。位置誤差が3㎜ならば、最大で5㎜が許容誤差内
なので、この境界標は動いてないと説明ができる。つまり、計
算上で3㎜以内ならば、OKということだ。」
　なるほど、だから、先生は観測にも厳しく、正確に測量して
いるんだ。しかも、計算にも正確さを帰しているんだ。

「ところで、曽根君、こんな計算もできることを知っているかい。この計算方法は、区画整理地区、震災復興地区、戦災復興地区などの資料が、公共座標値で測量されている現場で、任意座標で測量し、測量図や地積測量図を作成する場合に使うので、覚えておいてください。その後の球面補正計算をしないで済むんだ。このやり方で計算している土地家屋調査士には、いまだ、会ったことがない。

　座標変換でヘルマート変換というものがある。知っていても、ヘルマート変換をすればいいやと思っている人がほとんどだ。ヘルマート変換の計算方法は計算の段階で誤差を生むんだ。例えば、候補点に５㎜の誤差のあるものを採用すると、計算の段階で５㎜以上の誤差が生じてしまうんだ。**座標変換計算は合同条件で計算する。**相似条件ではない。

　だから、ヘルマート変換の候補点は２㎜以内が良い。せっかく、精度の高いトラバース測量しても、計算の段階で誤差を生み出してしまうんだ。測量の誤差じゃないんだよ。計算の方法による誤差なんだよ。だから、計算方法も正しい計算をしなければならないよ。

　以前、計算の仕方が間違っている土地家屋調査士がいて、その人は測量士の資格もあり、25年以上も土地家屋調査士業の仕事をしてきた経歴を持っている。私が正しい計算の仕方をしたら、彼が出した座標値と私が計算をした座標値に７㎜の違いがあった。当然、私の出した座標値が現地との整合性があった。しかし、彼は最初から計算をするとすべての座標値が違ってしまい、最初からやり直さなければならなかった。なので、『許容誤差の範囲内です』と言って、その座標値で境界を確認してしまった。」

　へえ、市販の測量ソフトで、そのまま計算をしてきたけど、

何か、やらなければならないことがあるのだろうか。そういえば、先生は市販のソフトをそのまま使用するなと言っていたな。計算の設定条件も独自に設定し、フリーフォーマットで現行法に適した計算表を作れと言っていたのを思い出した。また、ＣＡＤ画面では線の距離を表示するときに、点マークがある場合、座標計算により点間距離が表示される。点マークがない場合、真数計算になり、１㎜の誤差が生じるとのこと。これらは、取扱説明書に書かれておらず、プログラマーのみが知り得ることとのこと。

　公共座標（世界測地系座標・日本測地系座標・行政独自の座標）地区で任意座標による計算方法の先生の説明は、
「トラバース計算をする前に、記簿計算をするんだ。記簿計算のときに縮尺係数を0.999903と入力（１）するんだ。この縮尺係数は、国土地理院のホームページの三角点・基準点のデーターから調べることができる。すると、球面距離から平面距離（２）にすることができるんだ。そして、平面距離でトラバース計算をすれば、その座標値は縮尺係数のかかった座標値となる。計算距離に球面補正をせずに済むよ。それから、ヘルマート変換で伸縮率を「１」で計算できる。」

　先生の教え、
「測量においても計算においても、可能性を信じ、最善を尽くし、自分自身の測量・計算に自信を持ち、自分自身を信じつづけなさい。」

＊後記の「座標計算の手順」を参照してください。

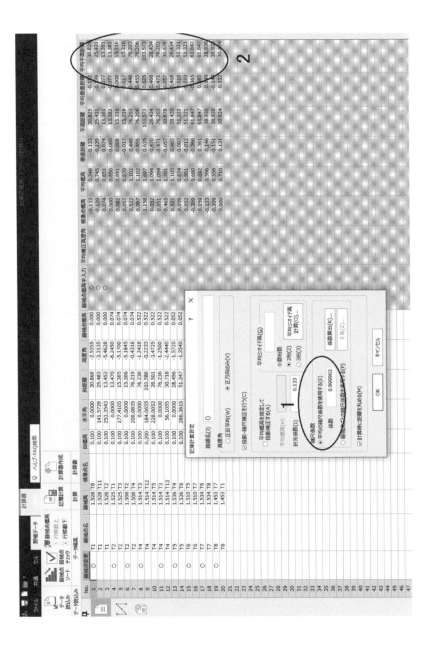

41

土地家屋調査士と測量士の測量技術の違い

「ところで、曽根君は、三角点と基準点の違いを知っているかい。」

「山にあるのが三角点で、平地にあるのが基準点ですか。」

「そうだね。登山をすると、頂上にコンクリート杭があって、そのコンクリート杭の側面に『三角点』と刻んであることがあるね。よく見てるね。」

「はい。専門学校時代、同級生と山に登ったときに、三角点の杭を見つけたときには、感動しました。」

測量専門学校の三角測量実習で、櫓を建てて、山と山との測量をしたのを思い出した。映画『劔岳』も思い出した。

「三角点は、国土地理院が設置するんだ。これを基本基準点（1）と言うんだ。この基本基準点から、国や地方公共団体が公共基準点測量（2）を行い、その地域の地図を作ったり、道路工事のための地図を作ったり、国土調査の地籍調査などに役立てているんだ。」

先生の説明だと、三角点は国土地理院が設置し、基準点は国・県・都市の地方公共団体が設置するということである。

「電子基準点は基準点という言葉を使っているが、国土地理院が設置しデーター管理もしているんだよ。この電子基準点のデーターで日本国土のプレートの動きや地盤沈下などの地殻変動も知ることができるんだ。国土地理院のホームページから、図で、分かりやすく閲覧できるよ。」

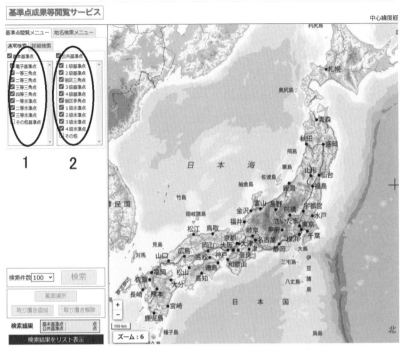

1 2

（国土地理院ＨＰより）

「先生、不動産登記規則第77条で、『基本三角点等に基づく測
量の成果による筆界点の座標値』と書いてあります。土地家屋
調査士で国土地理院が設置した三角点を使用することって、あ
るんでしょうか。」

「いい質問だね。四等三角点については、一等三角点から三等
三角点を使用して国土調査のために設置された三角点です。三
角点は後視点となる点が数km先だったり、三角点に直結して
いる基準点もほとんどないです。いや、全くないと言ってもよ
いかな。

　トータルステーションでの測量は無理だね。ＧＮＳＳ測量
（衛星による測量）になるね。土地家屋調査士が使用すること

はまったくない、と言っても言い過ぎではないね。」

「では、先生。なんで、使用ができないのに、不動産登記規則に書いてあるんですか。」

「これまた、いい質問だね。これは私の推測だが数十年先を見越していると思う。これから、土地家屋調査士はＧＮＳＳ測量（衛星による測量）をしてくださいということだと思う。

　将来、基準点測量やトラバース測量は存在しなくなると思うんだ。衛星受信機を境界標に立てるだけで、世界測地系座標が得られる時代がやってくると思う。事実、農村地区の地籍調査では、この方法がとられているよ。

　また、境界点の再現もドローンを使用することになると思う。プログラミングされたドローンが復元点を上空からレーザーで示してくれるんだ。」

　北京オリンピックの開幕式でのドローンによる上空のパフォーマンスを思い出した。

「先生、それ、すごいですね。本当にできたら測量も楽ですね。」

「そうだね。デジタル時代になりつつも、用地測量は、未だ、アナログ時代だね。１歩１歩、歩いて測量だね。しかし、用地測量以外で、測量会社はＧＮＳＳ測量が主流となっている。ここに、土地家屋調査士と測量士とのレベルの差が生じているね。」

先生のまとめ。

（後記の地積測量図を作成する測量に三角点使用は不要）

　今の時代、ほとんどの土地家屋調査士にとって、不動産登記規則第77条でいう基本三角点に基づく測量は、あり得ないということ。トータルステーションを使用しての測量には限界があり、公共基準点を使用しての測量になるとのこと。

　しかも、公共基準点でも３級基準点を使用することはまれで、４級基準点を使用することがほとんどとのこと。

　先生は、土地家屋調査士と測量士との技術の差について、相撲の番付で説明してくれた。

　電子基準点は横綱、一等三角点が大関、二等三角点が関脇、三等三角点が小結、四等三角点が前頭筆頭、１級基準点が前頭上位、２級基準点が前頭中ほど、３級基準点が前頭下位、４級基準点が幕下、任意座標の閉合が十両、放射による測量が序の口だそう。

　測量士は幕下以上、土地家屋調査士は幕下以下とのこと。公嘱土地家屋調査士協会に所属しての地籍調査ですら、登記基準点でも前頭下位とのこと。

　とても分かりやすかった。

　確かに、土地家屋調査士で１級基準点を使用して２級基準点を設置している人は存在しないと思う。ましてや、できる人もいないだろう。

　「曽根君、このフロチャートを見てごらん。これは、私が測量教室で使用しているものなんだ。公共測量作業規程に基づいて、私が独自にまとめたものなんだ。」

　「先生、分かりやすいですね。」

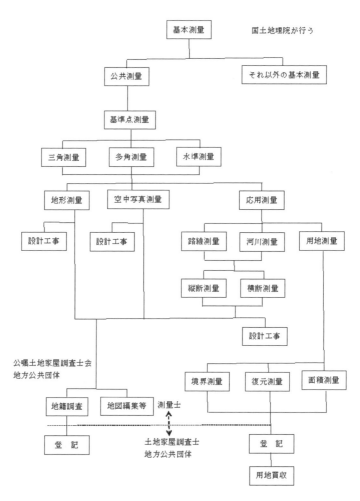

＊測量とは存在しない「数」を捜し出すこと

「最初に国土地理院が基本測量を行い、基本測量を基に各行政が測量会社に発注となる。土地家屋調査士の業務は、一番下の登記業務と民間の土地境界確認測量になるね。破線より上はできないんだ。地籍調査でも筆界点調査に関係するところのみなんだ。法的にも許されないし、土地家屋調査士には路線測量や

河川測量や用地測量の技術がないのが現実なんだ。また、入札制度になるので、入札指名を受けるには測量士の資格を持っていることが条件なんだ。」

「先生、ところで、用地測量とは何ですか。」

「ここで言う用地測量とは用地買収のための測量や区画整理事業などを言うね。測量士の分野で土地家屋調査士にはできないね。ましてや、用地測量では、精度の高い３級基準点の設置をしなさいと言われているんだ。土地家屋調査士には、とても無理だね。」

「土地家屋調査士は、主に民間の依頼による測量となることですか。」

「そうだね、現行法では、公共測量は土地家屋調査士にはできないね。公嘱土地家屋調査士協会の会員にならないといけないね。」

確かに、土地家屋調査士は登記申請のための測量だから、個人からの依頼が多いな。

「それから、曽根君、土地家屋調査士と測量士では測量の範囲に大きな違いがあるんだ。測量士は、用地測量において数十筆の測量をする。時には、地権者の立会いが100人以上になる場合がある。土地家屋調査士は、地籍調査以外の民間の測量で１筆だ。多くても５筆くらいだろう。地権者との立会いも４人くらいだ。」

「そんなに差があるんですか。」

「そうだね。土地家屋調査士は筆界を測量しているが、測量士の用地測量では所有権界の確認がほとんどだ。あなたの所有している範囲はどこまでですかという立会いだ。なぜかというと、目的は用地買収だからだ。越境の問題を解消するためなんだ。民間同士の境界のトラブルに行政は巻き込まれたくないからね。工事が進まなくなってしまう。」

筆界を確定できるのは裁判所のみ

　ここで、所有権界と筆界の違いを説明しよう。

　所有権界は土地所有者間で協議により決めることができる。すでに確認した境界でも訂正ができる。国有財産法31条の３の境界確定は、所有権の範囲を定める契約行為（東京地方裁判所による）。

　筆界は公法上の境界とも言う。土地の地番と地番の境界です。初めから存在していた境界である。したがって、土地所有者間で協議により決めることができない（最高裁判例昭和41（オ）118土地境界確認請求本訴による）。

「その証拠に、測量法や公共測量作業規程には位置誤差の規程がないんだ。でも、不動産登記規則第10条４項（地図について）と不動産登記規則第77条５項（地積測量図について）には位置誤差の規程の条文があるんだ。

　位置誤差については、前にも説明したかと思う。分かりやすく言えば、測量士は筆界の測量がほとんどないので、位置誤差の規程が不要です。しかし、土地家屋調査士は、筆界となる境界標を測量するので、位置誤差の規程が必要なんだ。」

「なるほど、とても分かりやすいです。土地家屋調査士と測量士の違いは、そもそも、測量する対象物が違うということですか。」

「正解。法律と実務では、そうなるね。今では、測量士の用地測量はなくなってきているね。その分、国土調査の地籍調査が進んでいるね。」

＊後記の「〈筆界〉不動産登記法と最高裁判例の違い」を参照してください。

また、「筆界と所有権界の違い」を参照してください。

筆界の確定	→	裁判官
筆界の特定	→	筆界特定登記官
筆界の認定	→	登記官
筆界の推認	→	土地家屋調査士
筆界の確認	→	土地所有者

「土地境界確認請求訴訟で裁判官は必ず筆界の判決を下す。裁判官は筆界を創設できる。筆界は初めから存在しているのに創設できる。」
「先生、だから裁判が長くなるのですね。」
「そうなんだ、最高裁まで行くと10年を費やすと言われている。創設とは言え、あらゆる資料を検証するわけだから、しかも、裁判所でも測量をするわけだから、長くなるよね。」
「先生、土地家屋調査士の業務は、とっても大切ですね。」
　先生が測量の精度にこだわるのも、分かった気がした。

先生が導き出した方程式　2mm+2.6mm√NΣS

「前にも説明したように、土地家屋調査士は小範囲の筆界を測量している。測量士は広範囲の測量をしている。そして、測量士は、主に国土の設計や工事のための現況測量をしている。また、国土調査の地籍調査のための測量をしている。測量範囲がとても広いんだ。」

　確かに、そんなイメージがある。

「公共測量作業規程によると、４級基準点で既知点間の距離は標準500mで、新点間は標準50m（１）となっている。測量士は、３級基準点または４級基準点を使用して、トラバーを新設するとき、20m以上の間隔（２）を置いているということになるんだ。また、国土調査の地籍調査での国土調査法施行令でも、既知点間の距離は標準500mとなっているんだ。」

（既知点の種類等）
第22条　前条第２項に規定する基準点測量の各区分における既知点の種類、既知点間の距離及び新点間の距離は、次表を標準とする。

区　分 項　目	1級基準点測量	2級基準点測量	3級基準点測量	4級基準点測量
既 知 点 の 種 類	電子基準点 一～四等三角点 1級基準点	電子基準点 一～四等三角点 1～2級基準点	電子基準点 一～四等三角点 1～2級基準点	電子基準点 一～四等三角点 1～3級基準点
既知点間距離（m）	4,000	2,000	1,500	500
新点間距離（m）	1,000	500	200	50

2　基本測量又は前項の区分によらない公共測量により設置した既設点を既知点として用いる場合は、当該既設点を設置した測量が前項のどの区分に相当するかを特定の上、前項の規定に従い使用することができる。

3　1級基準点測量、2級基準点測量及び3級基準点測量においては、既知点を電子基準点（付属標を除く。以下同じ。）のみとすることができる。この場合、既知点間の距離の制限は適用しない。ただし、既知点とする電子基準点は、作業地域近傍のものを使用するものとする。

4　3級基準点測量及び4級基準点測量における既知点は、厳密水平網平均計算及び厳密高低網平均計算又は三次元網平均計算により設置された同級の基準点を既知点とすることができる。ただし、この場合においては、使用する既知点数の2分の1以下とする。

（公共測量作業規程準則より）

結合多角方式	1 個 の 多 角 網 に お け る 既 知 点 数	$2+\dfrac{新点数}{5}$ 以上　　（端数切上げ）		3点以上
		電子基準点のみを既知点とする場合は2点以上とする。		——
	単位多角形の辺数	10辺以下	12辺以下	——　　　　——
	路　線　の　辺　数	5辺以下	6辺以下	7辺以下　　10辺以下（15辺以下）
		伐採樹木及び地形の状況等によっては、計画機関の承認を得て辺数を増やすことができる。		
	節　点　間　の　距　離	250m以上	150m以上	70m以上　　20m以上
	路　　線　　長	3km以下	2km以下	1km以下　　500m以下（700m以下）
		GNSS測量機を使用する場合は5km以下とする。ただし、電子基準点のみを既知点とする場合はこの限りでない。	電子基準点のみを既知点とする場合はこの限りでない。	電子基準点のみを既知点とする場合はこの限りでない。
	偏　心　距　離　の　制　限	$S／e≧6$　　S：測点間距離　　e：偏心距離　電子基準点のみを既知点とする場合は、Sを新点間の距離とし、新点を1点設置する場合の偏心距離は、この式によらず100m以内を標準とする。		

（公共測量作業規程準則より）

「国土調査法施行令でも、座標の誤差と辺長の閉合比から計算すると、既知点間の距離は500m以上。つまり、広範囲の測量を前提としている。」

別表第二　基準点の測量の誤差の限度（第十五条関係）

区分		水平位置の誤差				高さの誤差	
		座標の誤差	辺長の閉合比	角の閉合差	距離測定の誤差	出合差	閉合差
基準点	三角点	±10cm	1/10,000	20秒（25秒）		30cm（45cm）	
	多角点	±10cm	1/5,000	30秒	1/10,000		10cm+3cm√n
	水準点					距離2kmにつき1.5cm	1.0cm√S
補助基準点	三角点	±20cm	1/7,000	40秒		45cm	
	多角点	±20cm	1/3,000（1/2,000）	40秒√n（60秒√n）	1/5,000（1/3,000）		15cm+5cm√n
	水準点					距離1kmにつき1.5cm	1.5cm√S

備考
一　座標の誤差とは、既知点から算出した当該点の座標値の平均値の平均二乗誤差をいう。
二　角の閉合差とは、三角点にあつては三角形の閉合差を、多角点にあつては既知方向に対する方向の閉合差をいう。
三　表中括弧内の数値を適用する場合は、国土交通省令で定める。
四　nは、多角測量における当該多角路線の辺数を、Sは、水準測量における当該水準路線の全長をキロメートル単位で示した数とする。
五　cmは、センチメートルの、kmは、キロメートルの略字とする。

（国土調査法施行令より）

「先生、土地家屋調査士の業務で、トラバー間の距離は20m以上もないですよ。ほとんど、20m以下ですよ。」

これで、土地家屋調査士と測量士の測量範囲の違いがよく分かった。

「そこでだ、曽根君。土地家屋調査士は、この国土調査法施行令を採用しているんだ。小範囲な測量に広範囲な測量規程を採用しているんだ。ここに、矛盾が生じている。というよりは、無理があるね。」

「それって、どういうことですか。」

「日本土地家屋調査士会連合会の業務取扱要領第28条（多角測量）を見てみて。

　土地家屋調査士は筆界を明らかにする業務の専門家だよね。でも、単路線方式（結合トラバー・閉合トラバー）の点検計算の許容範囲で、水平位置の閉合誤差は、

$20cm + 10cm\sqrt{N\Sigma S}$

200mで多角点を5点とした場合、

$20cm + 10cm \times \sqrt{(5 \times 0.2)} = 30cm$

許容誤差は30cm だよ。

公共測量作業規程4級基準点測量に当てはめた場合は、

$15cm + 10cm \times \sqrt{(5 \times 0.2)} = 25cm$

　土地家屋調査士は、測量士よりも許容誤差が緩いんだよ。筆界を明らかにする業務の専門家なのに、だよ。」

「先生、30cm は、大きいですよね。」

「そうだね、許容誤差が緩すぎるね。なぜなら、広範囲の測量をするための点検計算を小範囲の測量をする点検計算に採用した結果だね。」

　確かに、法と実務に矛盾があることがよく分かった。

1 多角点の配点例

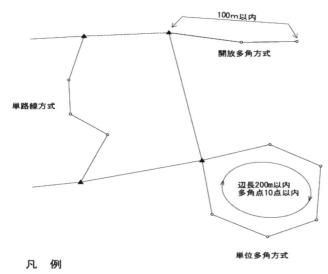

単路線方式

100m以内

開放多角方式

辺長200m以内
多角点10点以内

単位多角方式

凡　例

▲　既知点

○　多角点

5　単路線方式における点検計算の許容範囲

	許容範囲
方向角の閉合差	$50'' + 60'' \sqrt{n}$
水平位置の閉合差	$20\text{cm} + 10\text{cm}\sqrt{N\Sigma S}$
標高の閉合差	$20\text{cm} + 30\text{cm}\Sigma S/\sqrt{N}$

(注)　　N：辺数　n：測角数　　ΣS：路線長（km）
　方向角の閉合差は、方向角の取付観測を行った場合に適用する。標高の閉合差は、標高の測定を
行った場合に適用する。

2　多角測量を実施する場合の各方式の注意点は、次のとおりである。
　　単路線方式・・・・・・既知点を予点とし、既知点のうち1点については、方向角の取付け
　　　　　　　　　　　　　をしなければならない。
　　単位多角方式・・・・・辺長200m以内、多角点10点以内とする。
　　開放多角方式・・・・・辺長100m以内、多角点2点以内とし、多角点1点目の辺長より2
　　　　　　　　　　　　　点目の辺長は短くなること。

（日本土地家屋調査士会連合会の業務取扱要領より）

「先生、どうして、こんなふうになってしまったのですか。」

「日本土地家屋調査士会連合会の業務取扱要領の編集担当の人が、土地家屋調査士のために導き出す点検計算の方法を知らないだけかもしれないね。国土調査法施行令や公共測量作業規程をそのまま採用してしまった結果だね。

　本来ならば、点検測量も精度区分ごとに算出する必要があるね。なぜならば、東京のような大都市もあれば、北海道のように大平原もあれば、山地もある。それぞれの地形に適した多角点の点検計算の許容範囲を決めるべきだね。」

「でも、先生、国土調査法施行令別表第四に境界点位置誤差とか筆界点間の交差という規定がありますよね。」

「いいところに気づいたね。前にも説明したかと思う。この誤差の限度表は現在の測量技術には適さないんだ。大都市の精度区分の甲一で、位置誤差の公差は６cmだよ。4.5cm四方角の境界標杭で、境界標１個分、ズレても許されてしまうんだ。

　しかし、この国土調査法施行令別表第四は多角点の点検測量からだと、辻褄が合うんだ。200mで多角点を５点で30cmの誤差だとすると、辺は６辺ある。１辺当たりの誤差は、

　　30cm÷６辺＝５cm

　十分に位置誤差の公差は６cm以内になるんだ。

　筆界点間距離の公差でも、筆界点間距離20mで地積測量図（縮尺1/250）を作成する場合、

　　$0.02m + 0.003 \times \sqrt{(20m + 0.2 \times 250)} = 0.045m = 4.5cm$

　これも、十分に公差内になる。

　でも、曽根君、前にも聞いたかと思うが、公差内であれば、それでいいと思うかい。」

「いいえ、良くないです。」

「だから、日本土地家屋調査士会連合会の業務取扱要領を編集

し直す必要があるんだ。しかも、精度区分ごとに、その地域別にね。日本全国、同一の公差にすることは矛盾しているんだ。」

別表第四　一筆地測量及び地積測定の誤差の限度（第十五条関係）

精度区分	筆界点の位置誤差		筆界点間の図上距離又は計算距離と直接測定による距離との差異の公差	地積測定の公差
	平均二乗誤差	公差		
甲一	2cm	6cm	$0.020m+0.003\sqrt{S}m+amm$	$(0.025+0.003\sqrt[4]{F})\sqrt{F}m2$
甲二	7cm	20cm	$0.04m+0.01\sqrt{S}m+amm$	$(0.05+0.01\sqrt[4]{F})\sqrt{F}m2$
甲三	15cm	45cm	$0.08m+0.02\sqrt{S}m+amm$	$(0.10+0.02\sqrt[4]{F})\sqrt{F}m2$
乙一	25cm	75cm	$0.13m+0.04\sqrt{S}m+amm$	$(0.10+0.04\sqrt[4]{F})\sqrt{F}m2$
乙二	50cm	150cm	$0.25m+0.07\sqrt{S}m+amm$	$(0.25+0.07\sqrt[4]{F})\sqrt{F}m2$
乙三	100cm	300cm	$0.50m+0.14\sqrt{S}m+amm$	$(0.50+0.14\sqrt[4]{F})\sqrt{F}m2$

備考
一　精度区分とは、誤差の限度の区分をいい、その適用の基準は、国土交通大臣が定める。
二　筆界点の位置誤差とは、当該筆界点のこれを決定した与点に対する位置誤差をいう。
三　Sは、筆界点間の距離をメートル単位で示した数とする。
四　aは、図解法を用いる場合において、図解作業の級が、A級であるときは〇・二に、その他であるときは〇・三に当該地籍図の縮尺の分母の数を乗じて得た数とする。図解作業のA級とは、図解法による与点のプロットの誤差が〇・一ミリメートル以内である場合をいう。
五　Fは、一筆地の地積を平方メートル単位で示した数とする。
六　mはメートル、cmはセンチメートル、mmはミリメートル、m2は平方メートルの略字とする。

（国土調査法施行令より）

「先生、それを、日本土地家屋調査士会連合会へ言ったことがあるのですか。」
「以前、業務取扱要領の訂正すべきところということで、赤線を入れて提出したことがある。また、私が導き出した計算式も書き加えてね。令和３年に、一部は訂正されていたが、多角点の点検計算の許容範囲は、そのままだった。反対者がいたんだろうね。」
「反対する理由があるんですか。」

　先生は、こんなエピソードを話してくれた。
　設計業者から、「工務店の方が、基礎工事のために型枠を作っていたところ、隣地との離れが47cmになってしまった。」とのこと。後日、建築士も、工務店の人と一緒にメジャーで測ったところ、測量図の距離より３cm足りないとのこと。
　そこで、先生に、きちんと測ってほしいという依頼があり、測量に行った。約15mで、やはり測量図の距離より３cm足り

なかった。

　建築士が、測量図を作った土地家屋調査士に、再度、測量してほしいと言ったところ、「許容誤差の内だ。」と、断られてしまったとのこと。

　建築士は建蔽率をぎりぎりにして建築面積を設計したため、大変困ったとのこと。

　確かに、15mで3cmは許容誤差内である。

　その後、建築士からは連絡がなかったので、設計変更をしたのだろうと、先生は言っていた。

　かなり、ひどい話である。点間距離15mで3cmを許容誤差だと言い切ってしまうのだから。

　次の話も、かなり、びっくりだ。

　東京都文京区西片の土地の境界確認測量を先生が依頼された話。

　境界点が5カ所ある土地境界の一部で、1カ所は古くからあるミカゲ石、もう1カ所はブロック塀の下にあるコンクリート杭、この2点間の距離のこと。

　半年前に、この2カ所の境界標で境界確認書が取り交わされていた。

　先生が測量すると、3.983mだった。しかし、境界確認書と一緒に綴じられていた測量図の距離は4.000と、ちょうどだった。17mm測量図より現地が短かった。

　先生は、半年前の写真と現地を見比べても動いた形跡はなかったとのこと。

　それで、先生は隣地の方に、3.983mで、再度、境界確認書を取り交わしたいとお願いしたところ、隣地の方はその場で、携帯から○○土地家屋調査士に連絡をした。隣地の方が事情を

話して、○○土地家屋調査士が電話を替わってくださいと言うので、先生は電話に出た。すると、いきなり、「勝手なことをするな。許容誤差だろ。」と、怒鳴られたそうである。

　４ｍで17㎜は、確かに、許容誤差内である。

　しかし、４ｍで17㎜も測量の誤差が出るものなのだろうか。

　明らかに、測量ミスだと私は思った。

「15ｍで３cm、４ｍで17㎜を許容誤差とするためには、多角点の点検測量の許容誤差を水平位置の閉合誤差で、

　20cm ＋10cm√ＮΣＳ

（日本土地家屋調査士会連合会の業務取扱要領より）

　に、する必要があるんだ。

　でも、これでは、『土地家屋調査士は、筆界を明らかにする業務の専門家』とは言えないよね。

　事実、裁判でも土地家屋調査士が行った測量には、国土調査法施行令別表第四の誤差があると判断しているんだ。」

「先生、土地家屋調査士の測量の精度は、裁判で認められていないのですか。」

「そうなんだ、境界確定訴訟のアドバイザーとして、４回かかわったが、裁判官は、境界確認書の測量図に国土調査法施行令別表第四の誤差があるということで、参考資料に過ぎないと言っているんだ。しかも、法務局に備え付けられている地積測量図も参考資料に過ぎず、証拠としては採用できないと言っているんだ。ちなみに、訴訟は３勝１引き分けだよ（またもや、先生のどや顔）。

　それから、法務局に備え付けられている地積測量図に証拠の効力がない理由の１つに、地積測量図に誤りがあった場合、登記官は職権で訂正できないのだ。」

「先生、平成23年に日本土地家屋調査士会連合会が登記基準点設置事例集を出版しているのですが、こちらの精度はいかがですか。」

「おっ、鋭いところを突きますね。曽根君、あそこの本棚にある登記基準点設置事例集を持ってきてくれるかい。そうそう、その白い本。」

「はい。」

　ほめられた気分で嬉しかった。

「ありがとう。最初のページに書いてあるように、『国土交通省公共測量作業規程の準則にも準拠しており』とある。しかし、公共測量作業規程では４級基準点測量で新点間距離は50m以内なので、この登記基準点設置事例は公共測量作業規程に適合していない。でもね、登記基準点マニュアルや地籍調査作業規程では新点間距離の制限がないから良しということだね。いずれにしても、広範囲を測量する規定に基づいているということだ。そのことを頭に入れておいてよ。

　ここの点検計算のページを見てみて、

$\Sigma S = 213.005$，辺数＝４

$\Delta X = 0.019$，$\Delta Y = 0.003$

角閉合差＝６秒，距離閉合差＝0.019m

だね。

許容範囲＝0.192mとあるから、許容誤差範囲内だね。

精度は、1/11210（11mで１㎜の誤差）

$\Delta X = 0.019$を辺数＝４で割ってみると、

　１辺当たり、約５㎜の観測誤差があるということになる。しかし、実際、観測後に５㎜もあるわけないので、既知点に、すでに、誤差が生じることになる。

　逆打ちの観測誤差を考慮すると、位置誤差は、最小で３㎜、

最大で7㎜となる。

　調査法施行令別表第四の甲一の公差6㎝以内だから、十分に許容誤差内だね。

　実務においても、位置誤差が7㎜ならば、既存の境界標は地積測量図通りですと、立会いのときに説明する人はほとんどだと思う。

　しかし、位置誤差が7㎜出てしまうようなトラバー点は使用不可だね。とても、出版してまで自慢できるような成果とは言えないね。

　以前に話したときのどこまで許せるという位置誤差の図を覚えているかい。」

「はい、覚えています。既存の金属標と逆打ちをした場合のズレの違う図ですよね。」

「あの図は、1点のトラバーから逆打ちをした場合のズレだ。例えば、T1から逆打ちをした点とT2から逆打ちをした点では、トラバー間の距離の誤差と等しく、逆打ちした点もズレるんだ。

　図の①の既存の境界標と5㎜のズレがあるが、日本土地家屋調査士会連合会の登記基準点設置事例で言うと、2㎜のズレかもしれない、または、12㎜のズレかもしれないんだ。もしくは、T1から逆打ちした5㎜かもしれない。かなり、曖昧だよね。

　曽根君、そんな曖昧なトラバーから逆打ちした点で、この境界標は地積測量図通りですと、立会いのときに、自信をもって、地権者に説明できるかい。」

「自分自身の測量で、1㎝以上もズレているかもしれないとなると、できないですね。」

「私も、そう思う。」

① 5mm
② 10mm
③ 20mm

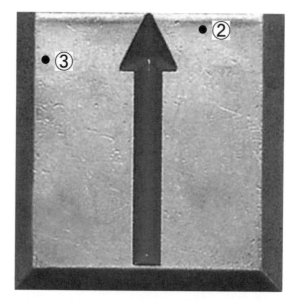

「位置誤差を5㎜以内にするトラバー測量が必要なんだ。」
「先生、それならば、逆打ちの測量誤差も考慮して、位置誤差を5㎜以内にすることができますね。」
「そうなんだ。それで私が導き出した数式がこれなんだ。」

$$2\,㎜+2.6㎜\sqrt{N\Sigma S}$$

「この数式は、多角点測量の結合測量と閉合測量に当てはまるよ。

　土地家屋調査士は小範囲の測量が主だから、既知点の基準点間が200m、新点を5点（辺数6）とした場合、

　2㎜＋2.6㎜×√（6×0.2km）＝4.8㎜

と、5㎜以内になる。

　新点間の距離は、

　4.8㎜÷6＝0.8㎜

となる。

　しかし、新点数を増やしたり、200m以上あると、5㎜を超えてしまう。

　あくまでも、小範囲の測量のための数式だ。」

「先生、新点間の距離誤差が0.8㎜なら、位置誤差は5㎜以内になりますね。それどころか、3㎜以内にもなりますね。」

「まったく、その通り。」

　まるで、自信満々に話している湯川教授が目の前にいるようだった。

基準点測量の盲点

「曽根君、結合差が20㎜で、辺数が5辺あったとする。各トラバー間の誤差は何㎜かね。」

「単純に20÷5で、4㎜です。」

「そうだね。まあまあ、いいよね。」

「はい、良いと思います。」

　また、先生は、図を描きだした。

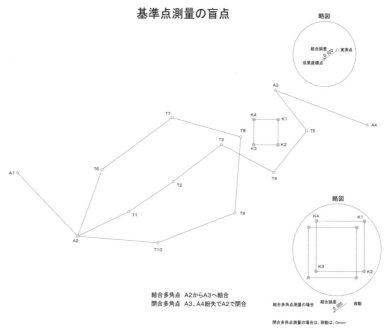

基準点測量の盲点

結合多角点　A2からA3へ結合
閉合多角点　A3、A4紛失でA2で閉合

結合多角測量を行ったことにより、現況の境界標より20mmズレたことになる。
既基準点の中間に現地がある場合は、10mmズレることになる。

「依頼地の売買のための境界確認測量の依頼が来ました。

　Ａ１からＡ４の既知点があるとする。新点をＴ１からＴ５とする。現場の境界点は既知点Ａ３に近いＫ１からＫ４とする。

　この結合誤差は20㎜です。

　では、曽根君、各トラバー間の誤差は何㎜かね。」

「単純計算で20㎜÷６で、約3.3㎜です。」

「まぁ、良い精度だよね。」

「文句なしですね。」

「そこでだ、数年後、買主から、新たに分筆登記の依頼が来た。Ａ１とＡ２の基準点は残っていたが、Ａ３とＡ４は道路工事で紛失されていたとする。もちろん、新点のＴ１からＴ５も紛失されていた。曽根君だったら、どうする。」

「えーと、Ａ１とＡ２の基準点を使って、閉合トラバー測量をします。」

「なるほど、私も、そうするかな。」

「そうですよね。」

「しかし、曽根君、以前測量した結合多角測量の誤差は、何㎜だった。」

「はい、20㎜です。良い精度でした。」

「今回は、閉合多角測量だから、閉合誤差が０㎜だったとする。精度がかなり良いとする。

　このトラバーで、再度、Ｋ１からＫ４を測量した場合、前回、測量した座標値と、どのくらい違うと思う。」

「えっ、測量してみないと、分からないじゃないですか。」

「予想でいいよ。」

「前回のトラバー間の誤差が約3.3㎜だから、３㎜ですか。」

「いや、20㎜は、違ってくると思う。」

「えっ、20㎜は、大き過ぎるでしょう。」

「前回の測量では、Ａ２からＡ３の距離誤差が約20㎜あった。今回の測量では、Ａ２側へ、その20㎜が引き寄せられたということになる。ハッブルの法則ともいえる。」

　また、ウンチクが始まった。

「なるほど、そうなりますね。」

「位置誤差のことを考えれば、単路線の多角点測量の結合誤差は５㎜以内が良い。さもなければ、厳密網計算ができるような多角点測量が必要だね。」

「先生、分筆登記に、いちいち、厳密網計算ができるような多角点測量をしている土地家屋調査士はいるんですか。」

「最近では、連合会が厳密網計算をできるような登記基準点測量を勧めているね。でも、まだまだ、出会ったことはないな。現在、土地家屋調査士の間で、苦労しているのは、このことなんだ。地積測量図の世界測地系座標値が土地家屋調査士ごとに違ってきているんだ。だから、精度の高い基準点による多角測量が必要なんだ。」

「先生、私は精度の高い地積測量図を作成するようにします。」

　えらいことを宣言してしまった。どうしよう、できなかったら。

「うん、曽根君ならできるよ。曽根君は素直で探求心が強いからね。スポンジだね。」

　先生の励ましで、自信がついてきた。スポンジとは何でも吸い取ってしまうとのこと。

ヘルマート変換（座標変換）は合同条件計算

「曽根君、次の計算をやってほしいんだけど、すでに、道路境界確認が済んでいる資料を出して。」

「はい、Ａ２サイズで３枚ありますので、３カ所、確認済ということですね。」

「３枚とも座標を入力して、これとこれは座標が200の桁なので、こちらの座標には100を足して入力してください。そうすれば、プロット図で重なることがないからね。」

　チェックも入れて、３枚とも約20分で入力が済んだ。

「先生、入力が終わりました。」

「あっ、ごめん。Ｐ１という同じ点名が３つあることになってしまうので、点名の前に決定年を入れてくれる。例えば、これは、平成28年なのでＨ28Ｐ１としてくれる。それから、今回、私たちが測量していないＳ点を削除してくれる。Ｐ点は残したままね。最初に言えばよかったね。ごめん。」

「はい、できました。」

「次に、それぞれをＣＡＤにプロットして、３つに分けてね。そうそう、そして、それぞれの点を線で結んでその点間距離を記入して。」

「先生、こうですか。」

「うん、ここの距離もいるかな。三斜距離は多ければ多いほどいいよ。」

28-2821

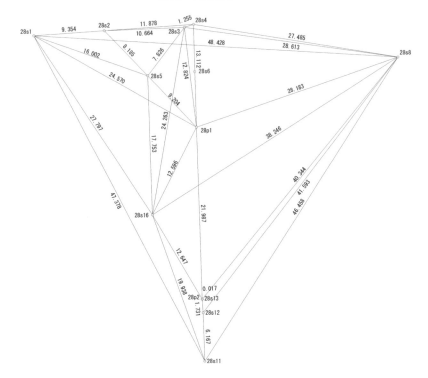

「次は、私たちが測量した点をプロットして、同じように三斜
の距離を記入して、この図の距離との比較を加えて記入して。」
「できました。」
「そして、2㎜以内差に○印、3㎜差に△印を付けてみて。」
「おお、なかなか、いいね。この測量した人は、しっかり測量
しているね。でも、この○の中の測量箇所はトラバー誤差によ
るね。約4㎜の誤差のあるトラバー点で測量した結果だね。○
の中の測量点間の距離は合っているけど、北側の測量点間の距
離が4㎜足りないね。

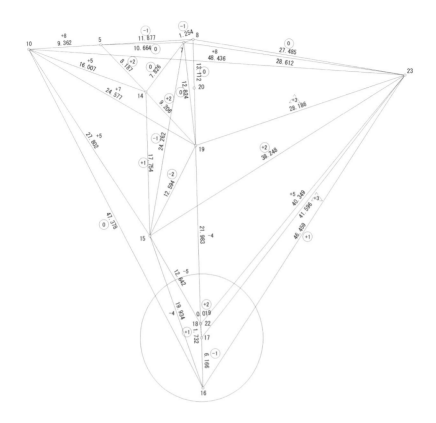

　私たちのトラバー座標値の誤差は1mm以内なので、この距離差から判断すると存在しない三角形があるので、この人の測量ではトラバー点に角度の誤差もあるね。」

「そうですね。このように、三斜での距離を比較すると、よく分かりますね。」

　先生がトラバース測量の精度を高めていたことがよく分かった。平成28年に道路境界確定測量した人の測量精度が、これでよく分かる。

　先生が言っていたが、この道路境界確定図は、かなり良い方だと言う。他の2カ所も同じように計算してみた。点間距離差

の小さい箇所が、いくつかのグループに分かれていた。先生が言うように、トラバー間の距離誤差が、そのまま、反映されているからだと言う。

　いかに、トラバース測量の精度を高めるかで、今後の測量に影響されてしまうことが、よく分かる。

　許容誤差内だからだと言って、それに甘んじてはいけないなと思った。

　トラバース計算でも最確値を求めることは、とても大切だと思った。

　先生が付け加えて話してくれたこと。

「たすき掛けの三斜線を作って、点間距離の差を書いていくと、以前、測量した人のトラバース測量の精度を見つけ出せるんだ。

　トラバーの精度が分かれば、この後のヘルマート変換の準拠点を見つけ出すことで、最確値を求められるんだ。」

「それでは、ヘルマート変換の計算に移ろうか。その前に、ヘルマート変換計算で使用する準拠点を選ぼう。」

「準拠点って、何ですか。」

「準拠点とはヘルマート変換で基準となる点だ。資料の座標値間距離と今回の座標値間距離が一致している点だな。

　具体的には、さっき、ＣＡＤ上で、点間距離の差に○印をつけたね。その点を選ぶんだ。

　ここで注意することは、正三角形に近い、３点以上を選ぶことだな。

　曽根君、準拠点にできる点名に○印をつけてみて。」

「えーと、これと、これと、全部良いですね。」

　平成28年の道路境界図は精度が良いので、全部の点に○印をつけた。すると、

「うーん、確かに、10と16と23は正三角形に近いね。しかも、全体の点を囲むように外側にある点だから、とても良い選択だね。16から10の距離差は 0 ㎜だ、とても良いね。16から23までの距離差は 1 ㎜だ、これもいいね。でも、10から23の距離差は 8 ㎜だ。使えないな。

さっき話したように、○で囲んだ範囲だけは点間距離差が小さいが、トラバース測量の精度が悪いから使用不可だね。

準拠点の候補は、点間距離差を 2 ㎜以内の点を選ぶといいよ。どうしても、候補点がない場合は△印を付けた 3 ㎜の距離差のある点を選ぶしかないかな。

ちなみに、 4 ㎜以上の距離差のある点を選ぶことは、絶対にしてはいけないよ。

前にも話したと思うが、 5 ㎜の距離差のある点を選んでヘルマート変換をした人がいたね。その結果、私が計算した結果と 7 ㎜の違いでの座標値を計算して、確定点としていたね。」

「先生、距離差 3 ㎜以下の点がなかった場合は、どうしたらよいですか。」

「その場合は、再現不能と、私は処理している。他の人の測量誤差を私が被る必要はないからね。」

「先生、過去にそんなことがありましたか。」

「あったよ。その場合は私が再度、広範囲に測量し、資料等に基づいて筆界点を算出したよ。

算出した筆界点を現地に表示し、現況の境界標のズレを確認していただいて、どちらを選択しますかと、地権者に聞いているよ。」

すごい、先生はすごい。これを、いとも簡単に計算してしまうのだから。しかも、 3 時間くらいで、 3 ㎜以内で結果を出してしまう。

今までの先生の話を聞いていると、ＡＩの脳を持った人間の話を聞いているようだ。しかも、実証している。

「では、今の準拠点の候補で、ヘルマート計算をしてみて。」

「これで、いいですか。」

「あれ、伸縮率を１にしなければならないよ。」

変換条件	?	×
変換定数　a：	0.999945077	
b：	-0.010480588	
移動原点　x0：	153.783	
y0：	194.492	
伸縮率：	1.000000000	☑比率1(T)
回転角：	-0-36-02	
	OK	キャンセル

「この道路境界図の座標一覧表の下に『縮尺係数0.9999』と書いてあるだろ。私たちのトラバース計算も、すでに、縮尺係数0.999903で計算されているから、伸縮率を『１』に、しなければならないよ。

　ヘルマート変換の伸縮率は、１または自動計算伸縮の２択のみなんだ。0.999903と入力ができないんだ。

　４㎜以上の準拠点の誤差の場合は、決して、自動計算伸縮を使用してはいけないよ。

　ここで、ヘルマート変換について、簡単に説明しておくね。」

ヘルマート変換とは座標変換の一つの方法。

　三角形は三角形に、四角形は四角形に、形を変えずに変換する方法。

　重点（準拠点）を基準とした網平均計算で変換する方法。つまり、トラバース測量の厳密網計算のような方法。

　中学校で習った**合同条件**であり、相似条件ではない。

　最確値＝観測値－誤差のため、重点（準拠点）の誤差が、そのまま、計算値に反映される。

「座標のヘルマート変換では、測量誤差がそのまま反映されてしまう。測量誤差もあり、計算誤差もあるでは、曽根君、その結果が最確値といえると思うかい。」
「本当にその結果で良いの？　と思ってしまいます。」
　何でも信じてしまう私だった。この信じることが私にとって、短期間で技術力のアップにつながった。
「そうだね。だから、ヘルマート変換でも、次のことを注意しなければならないんだ。

　伸縮率のある計算は、極力、行わない。
　2㎜以内の測量誤差の小さい準拠点を使用する。

　曽根君、もう一度、伸縮率を1にして計算してみて。」
「あれ、先生、点間距離が2㎜以内の準拠点を使用しているのに、誤差ＤＸが4㎜（1）になってしまっている点があります。」
「それは、誤差の累積による結果なんだ。5から14までの距離差は＋2㎜、14から19までの距離差は＋2㎜、5から19までの距離差は合計＋4㎜となる。だから、誤差の累計が大きい5を

準拠点から、外す必要があるね。」

「先生、今度は、16が誤差ＤＸ３㎜です。16も外した方がいい
ですか。」

「そうだね。」

「先生、誤差ＤＸと誤差ＤＹが、２㎜以内になりました。」

「うん、これで、いいね。

　そして、登録する必要がない点は空欄にして、登録する点の
点名は、ヘルマート変換した座標値であることが分かるように、
頭に、『ｈ』を付けるといいね。（２）」

「分かりました。これでいいですか。ところで、先生、この
『重み』（３）って、何ですか。」

「おっ、よく気づいたね。

　『重み』とは、曽根君にも分かりやすいように説明すると、重
力だと思って。

　例えば、23の準拠点の重みを２とした場合、他の準拠点は、
23の重力により、28に引き寄せられるんだ。」

「なるほど、分かりやすいです。」

「でもね、すべての準拠点の『重み』は、１にすべきだよ。

　ヘルマート変換は、形を変えずに、座標変換する計算だから
ね。

　つまり、**合同条件**で計算すべきだよ。『重み』を変えるとい
うことは元の図形が歪むと思ってね。

　歪んだ座標値は、筆界点として、採用してはいけないね。

　でも、どうしても、準拠点の誤差が、４㎜以上になってしま
う場合、『重み』を採用してもいいね。

『重み』を採用する場合、すべての準拠点の『重み』を、いろ
いろ変えて、最も、誤差の小さい方法を見つけ出さなければな
らない。これが、結構、時間がかかるよ。私は、復元不可能と

するけどね。」

「曽根君、座標変換した座標値の最終チェックをして。」
「どのようにすればよいのですか。」
「道路境界図のＰ点は、確認点、まあ、確定点とも言うね。Ｓ点は引照点、Ｐ点が工事等で撤去されてしまった場合の復元のための参照点だね。Ｔ点はトラバー点だね。このことは、曽根君も知っていると思う。

　それで、最も重要な点はＰ点だね。Ｓ点でも、縛り点というものがあったり、境界の方向を示した延長点だったり、１街区の折れ点を示したものもある。

　ヘルマート変換により計算した座標点名の頭にｈを付けたね。これらのｈの付いた点のみで、計算するんだ。

　チェックの内容は、直線上になければならない点が直線上になるように、Ｘ座標値またはＹ座標値を１㎜調整するんだ。それから、道路幅員が４ｍだった場合、４ｍになるようにＸ座標値またはＹ座標値を１㎜調整するんだ。

　この調整ができて、初めて、座標の復元ができたと言えるんだ。」

　１㎜なんて、どうでもいいと思う。実際に測量すれば１㎜の誤差は生じるのだから。でも、先生は計算で誤差を生じさせてはいけないと言う。**計算点は、最もふさわしい理想の点**としなければならないと、先生は言う。

　絵に描いた餅を目の前に実物として表現することが、土地家屋調査士が筆界を明らかにすることになると、先生は言った。

　湯川教授のように上手いことを言う。

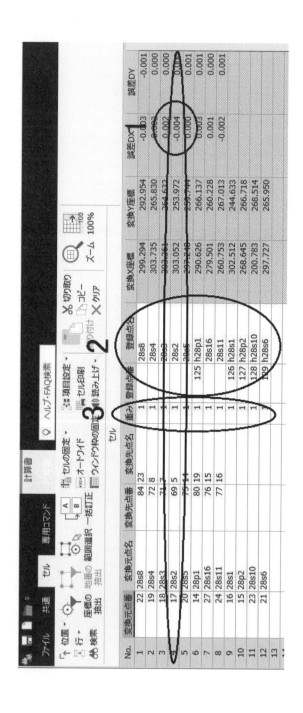

検討図とは理想の図

「ヘルマート変換の座標値の調整が終わったね。」

「はい、終わりました。」

「次は、道路境界図と地積測量図をもとに、それぞれの土地の筆界点を算出してみて。震災復興図や戦災復興図、区画整理図や耕地整理図がある場合は、これらの資料も参考にするんだよ。これからは、曽根君の数学の力量が問われるね。」

　えっ、なんか、試されているみたいだ。

「うん、ここは、２直線の交点計算だね。この点は円と円の交点計算がいいね。そして、この点は垂線計算だね。」

　ああ、良かった。先生が、すべて、計算方法を教えてくれた。

「計算が終わったら、算出した点が直線上に乗っているか、点間距離が資料と一致しているかどうか、の点検をして、座標値の調整を忘れずにするんだよ。」

「先生、この点は、地積測量図の通りなのですが、道路幅員が１㎜足りなくなってしまうんです。どうしたらいいですか。」

「この場合は、道路幅員優先だね。道路幅員は、すでに、道路境界図で再現計算済みだ。地積測量図の信憑性は国土調査法の誤差の範囲内であるね。地積測量図の座標値で点間距離を計算してみて。」

「あれ、違いますね。」

「この地積測量図は、点間距離が四捨五入で計算されているね。もし、四捨五入ではなく、切り捨てで計算されていても、地積測量図は現況と整合していないのがほとんどなんだ。」

「地積測量図には誤差があるということですか。」

「そうだね、地積測量図そのものに誤差が含まれていると、考

えた方がいいね。しかし、これから作る検討図には誤差が含まれていない理想の図と思って、作ってね。」

　地積測量図について、先生は、こんなことを話してくれた。
　地積測量図に誤りがあっても、それが、明らかな誤りであっても、職権で訂正することはできないとのこと。
　地積測量図は、判例により筆界の証拠とはならないとのこと。単なる参考資料とのこと。
　『地積測量図の数値には誤差があり、地積測量図の数値は参考数値として、筆界を特定している』と、筆界特定登記官から文書にて、回答を得ているとのこと。

■筆界特定事例1
　幅員4mの道路を作り、その道路を位置指定とし、分譲地として分筆登記された地積測量図がある。
　地積測量図には道路幅員が4.00とある。
　しかし、3.996mで、筆界特定された。
　地積測量図通りに特定しなかったために、位置指定道路の幅員が4mないということになった。
　その結果、道路幅員が4m以下で特定されたことにより、建築確認申請で申請書が受理されなかった。

■筆界特定事例2
　2筆に分筆登記された地積測量図がある。
　元番の境界には折れ点はなかった。
　しかし、分筆登記したときに分割点として埋設された境界標が境界の折れ点として、筆界特定された。
　その結果、もともと、折れ点がないのに、折れ点があるよう

に筆界特定されたことにより、分筆登記された面積よりも小さくなってしまった。

■筆界特定事例3

地積測量図にはコンクリート杭と表示され、その点間距離が16.23と書かれているが、座標値から計算すると16.236です。（先生の記憶の数値）

2点のコンクリート杭の筆界点とも現存している。

しかし、実測値の16.251mで、筆界特定された。

その結果、筆界点間距離が長く特定されたことにより、隣地への食い込みが生じて、越境問題が生じた。

「このように、裁判でも筆界特定でも、今の地積測量図に絶対的証拠能力がないのが現状だね。世界測地系の座標値であっても、トラバーの誤差もあるから、信憑性はないよね。」

国土調査法施行令別表第四によれば、筆界点間の図上距離（または計算距離）と直接測定による距離との差異の公差の甲1で、

$$0.020\text{m} + 0.003\sqrt{(\text{S m})} + a\text{ mm}$$

都市部で点間距離の20mm以内の違いは、公差内ということになる。

「では、次に、Ｌ形側溝以外の構造物は除いて、全点をプロットして。そして、Ｌ形側溝を黒線で結んで、次に、現況の境界標を、公図を見ながら地番ごとに黒線で結んで。」

「先生、こうですか。」

「うん、いいね。次は、ヘルマート変換した点や交点計算で算出した点も、公図を見ながら、今度は、赤線で結んで。」

「はい、先生、できました。」

「ＯＫ、ＯＫ。次に、それぞれの点間距離を、現況は黒数字、計算点間距離は赤数字で入れていって。」

「先生、距離の数字は、横に並べた方がいいですか。」

「いや、縦に並べるんだ。その方が、現況距離と計算距離の違いを、一目で見比べられるだろ。」

「はい、分かりました。」

「次は、赤の数字をコピーして、その上に、２つ貼り付けて、だから、４段になるね。」

「先生、結構、狭くなって、上手く、貼り付けられないです。」

「そこは、工夫しながら、やって。次に、黒数字の上の段を震災復興図の数値に入れ直して、緑色にする。

　その上の段を地積測量図の数値に入れ直して、紫色にする。

　道路側は、もう１段増やして、５段にする。その段を道路境界図の数値に入れ直して、青色にして。

　いらない段は削除する。一番上の段は赤色になっているよね。」

「先生、これって、結構大変ですね。」

「いや、慣れれば右手でマウス、左手でキーボードを操作できるよ。この量なら、10分で終わるよ。」

　いやいや、私は、30分かかった。

「次は、拡大図を入れて。

　その前に、計算点と現況点の点間距離を入れるんだ。その距離によって、拡大図の縮尺（1）を決めるんだ。10㎜以内なら拡大図の縮尺は、1が、良いね。

〈元図に文字を残す〉にチェック（2）を入れてね。」

「先生、できました。これで、完成ですか。」

「いや、各地番の面積の比較も必要だね。それから、街区全体の面積比較も必要だね。」

「うん、あとは、凡例を入れれば完成だね。

　この検討図は理想図とも言えるんだ。

　理想図だから、まだ、未立会・未確認だね。

　現地に、この理想点を表示し、立会確認が必要だね。

　それから、矛盾があってはいけないんだ。

　矛盾だらけの検討図や比較できない検討図を作っている人がいるが、プロとしては、恥ずかしいね。

　曽根君も、**完成された理想図を作ってね。**」

「先生、この検討図は登記申請するときに使えますか。」

「おっ！　いいところに気づいたね。登記申請するときに添付するといいよ。登記官も筆界を推認するときに役に立つよ。」

　褒められた。嬉しい。

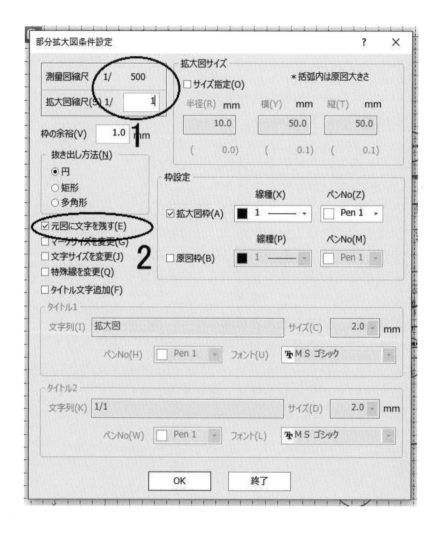

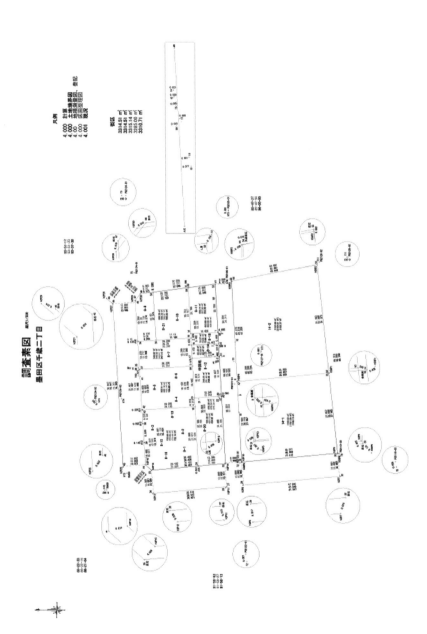

調査素図

墨田区千歳二丁目

凡例

4.000 計画
4.000 土地境界図
4.00 地積測量図
4.001 現況

逆打ちとは、現実と夢が重なり合った喜び

「曽根君、明日、逆打ちに行くから、計算しておいて。」

「先生、逆トラバース計算と言うのですか。」

「そうそう、各トラバーから計算で算出した点の方向と距離を計算するんだ。１点の算出点に対して、２カ所以上のトラバーからの計算をしておいて。

　それから、座標値のデーターをＵＳＢにＳＩＭＡデーターとして保存しておいて。そのＵＳＢも現場に持って行くよ。」

「はい、分かりました。」

「今日は、検討図の計算点を現地に落としに行くよ。」

「落とすとは、先生、何ですか。」

「現地に立会いの準備として計算点を表示するんだ。落とした点にペンキや木杭を目印として表示するんだ。逆打ちとも言うね。」

　現場に着いた。

「曽根君、Ａ１から落として行こうか。」

　先生は、現況点と計算点を区別するために、計算点には、必ず、アルファベットを使用する。点名を見るだけで、一目で、計算点か現況点かが判断できる。

　さらに、先生は、計算点の第２案にはＢを付ける。第３案にはＣをつける。

　検討図には、どの点を採用したかが分かるように、点名に○をつけている。

　私は、Ｔ１に機械を据えた。まだ、２分、かかっている。すると、

「曽根君、逆打ちでは、機械を据えるのに、そんなに神経質にならなくともいいよ。設置誤差は、0.5㎜以内でいいよ。0.5㎜以内とすると、ここのチルト画面では、何秒以内にすればいいと思う。」

　機械高さを1.5mとした場合、
　Tan θ ＝0.0005÷1.5
　θ ＝0.019098＝０度１分８秒

「１分以内ですか。」
「そうだね。トラバー測量では誤差が累積されるから、機械の傾き誤差を20秒以内にする必要がある。

　でも、逆打ちの場合、機械設置は１回のみなので、誤差は累積されないね。機械の傾き誤差は１分以内で、設置誤差が0.5㎜以内で十分なんだ。それでも、逆打ちした点の誤差を１㎜以内で、できるんだ。」

　まったく、先生の言う通りだと思った。これならば、ゆうに、１分以内で機械を設置できる。

　先生は、いろんなことを論理的に計算している。当たり前と思っていることも、なぜだろうと思って、考え、計算して、立証している。だから、先生は、仕事が早く、しかも、正確なんだと思った。

　チコちゃんならば「つまんねーの」。

「曽根君、逆打ちするときは、検討図の拡大図を参考にするといいよ。拡大図から、現地で、どの辺にくるかを予想して、その予想されるところに三角スケールを置くんだ。しかも、観測者から見えるように、直角に置くんだ。」

「こうですか。」

「そう。5.3cm のところにミラーを立てて。」

「はい。」

「2㎜、遠く。OK。そこに、赤鉛筆で印を付けて。」

「これで、いいですか。」

「うん。そして、その印を十字にして。」

「こうですか。」

「そう。こんなふうに、最初は三角スケールを置いて、ベクトルの方向を決める。次に、ミラーを立てて、ベクトルの長さを決める。」

　また、先生が絵を描き始めた。

　先生の説明は、

　逆打ちは、すでに決まっているベクトルを現地に表示すること。

　観測は、ベクトルの方向と長さを測量すること。

　この絵を見たら、現場で、測量は何を測っているのかが分かる。これならば、ベクトルを習った小学生でも分かる。ベクトルを矢印にたとえて説明もできる。この説明図、頂きだ。私が他の人に説明するときに使おう。

「先生、私が測量とは何かと説明するときに、この説明図を使ってもいいですか。」

「もちろん、いいよ。」

測量はベクトルを測っている

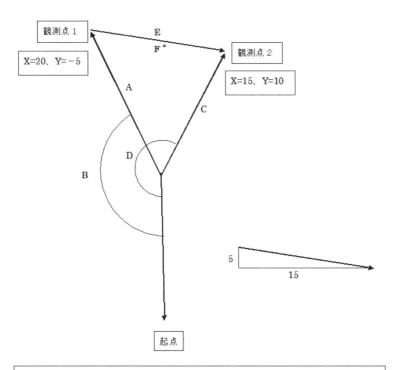

測量は、ベクトルを測っています。

ベクトルの長さ、向きを測っています。

観測点 1 ならば、ベクトルの長さ A と向きの B です。

観測点 2 ならば、ベクトルの長さ C と向きの D です。

以上は、現地での作業です。

以下は、パソコンのソフトで行います。

観測結果を観測点 1 と観測点 2 を座標値で表現します。

例えば、観測点 1 を X=20、Y=−5 に、観測点 2 を X=15、Y=10 とする。

計算により、ベクトルの矢印の先と先を結んだベクトルの長さと向きを導き出すことが出来ます。

長さ E は、E=√（5×5+15×15）

向き F は、F=arctangent（5÷15）＋90 （錯角を利用する）

「曽根君、逆打ちした点と現況の境界標との離れを測ってみて。」

「4mmです。」

「拡大図は3mmの離れだから、この点でいいね。

　もし、私たちのトラバー測量計算の誤差配分に、2mmというところがあったら、T2からも逆打ちをする必要があるよ。トラバー間で2mmの誤差があったら、T1から逆打ちした点とT2から逆打ちした点に2mmのズレが生じるということだ。これが、位置誤差という。

　そして、T1から逆打ちした点とT2から逆打ちした点の中間点が、理想の点となる。」

　ああ、良かった。

　私たちのトラバー計算の誤差配分は、0mmか1mmだから、T2からも、同じ点を逆打ちする必要がないということだな。

「曽根君、この点は後日、立会いする点で、境界標の近くだね。だから、黄色のペンキ印は、ポチと点で付けて。こっちの点は、立会いで確認しない参考点の街区点で、近くに境界標がないから、十字で黄色のペンキ印をつけて。」

　なるほど、逆打ちした点にも区別しているのか。

　それから、先生は、こんなことも言っていた。

　未立会・未確認点は、黄色。立会確認済は赤色。決して、立会い前に、赤色の印を付けてはいけないと。

　さらに、トラバー点に、赤色をつけている人がいるとのこと。これは、大きな暗黙のルール違反だと。

　また、トラバー点の鋲の周りに大きくペンキ印を付け、横に、3cm以上の大きくT○○と文字を書いている人がいるとのこと。

これらの行為は、道路の美化を損ない、道路法第43条（道路に関する禁止行為）に抵触するかもしれないと言っていた。

　トラバー点の点名の書き方にもルールがあり、文字の大きさは2cm以内、文字の向きはトラバーの進行方向を上にする。

　このことは、測量士の間では、暗黙のルールとのこと。

　今では、測量士の間でも、暗黙のルールが破られているとのこと。その暗黙のルールを教え、伝えつづけられていないのが現状とのこと。

良い見本

悪い見本

文字の上の方向は建物があり、トラバー点はない。
＊文字の向きは、トラバー点の進む方向です。
文字の大きさが35㎜もある。
＊文字の大きさは20㎜以内。
鋲の周りのペンキが11㎜もある。
＊太さは5㎜以内。

こうして、すべての点の逆打ちが終わった。
先生は、逆打ち作業に喜びを感じているとのこと。

逆打ちとは、現実と夢が重なり合った喜び。

立会いでは、司会者でもあり議長でもある

「曽根君、立会日を決めようか。」
「はい。いつが良いでしょうか。」
「私が日程を決めるわけじゃないんだ。依頼人と隣接土地所有者の都合で決めるんだ。最初に、依頼人の都合を聞こう。」
　確か、依頼人は、いつでも良いと、言っていたな。
「立会日の候補は、10日以上先の日がいいね。曽根君、今日から10日以降で、天気予報が雨の日を教えてくれる。」
「18日の木曜日に、傘マークがありますね。他の日は、傘マークはありませんね。」
「いいね。じゃ、依頼人の都合を聞こう。」
「先生、挨拶に行ったとき、依頼人の村上さんは、いつでも良いと言っていましたよ。」
「うん、確認だよ。」

「次は、隣接土地所有者だね。
　鈴木さんは、働いているから、土日が良いと言っていたね。
　瀬戸さんは、平日の午前中は、医者に行くから、それ以外だったら、いつでも良いと言っていたね。
　京塚さんは、電話番号を教えてもらえなかったから、直接うかがって聞くことになるね。
　株式会社イチョウは、会社だから平日だね。」

「先生、立会日を決めるのに、注意することはありますか。」
「うーん、お願いしている立場という姿勢を取ることかな。なぜなら、その人の大切な時間を、私たちのために使ってくれる

のだから。

　逆の立場に立って、考えてごらん。貴重な休みの時間を、忙しい時間を、他にやりたいことがある時間を、自分のためでなく、他人のために使うんだよ。その人には何のメリットもないかもしれない。」

「先生、メリットはあるんじゃないですか。だって、境界が確認できれば、その人が、今度、土地を売るときに役に立つと思います。」

「その通りだね。境界確認が必要なのは土地の売買や土地の登記をするときや塀を造り替えるときに必要だよね。

　でもね、これらのことを、生涯、まったくしない人もいるんだ。だから、お互いメリットになります、と隣接土地所有者に言うことは、決してやってはいけないことだね。その人、その人の立場や都合もあるからね。

　だから、お願いしている立場という姿勢を守らなければならないね。」

「先生、最初の隣接土地所有者に挨拶に行ったとき、渡していたものは、何ですか。」

「境界確認のお願いの手紙だよ。隣接土地所有者へ、測量をさせてくださいとお願いするのが先だね。隣接地へ入らずに測量できても、一言、断っておけば、印象が良いだろ。」

「なるほど。」

　確かに、初対面の人には最初が肝心だ。印象が良ければ、この後の作業もやりやすくなると思った。

　先生は、『出逢う』という漢字を使っていたことを思い出した。

土地境界確認測量の協力のお願い

拝啓

　時下ますますご清祥のことと、お喜び申し上げます。

　この度、○○○○様より、下記土地の土地境界確認測量を依頼されました　○○と申します。

　つきまして、隣接土地所有者のあなた様に、境界確認のご協力をお願いいたします。

　後日、現地にて土地境界の立会いを行いたいと存じます。お忙しいところ、何卒、ご協力の程お願い申し上げます。

　立会い後は、境界確認書を2部作成し互いに署名捺印の上、1部ずつ持ち合うことと致します。

　立会い日時は、後日、ご都合に合わせて決めたいと思います。

　何か、ご不明な点がございましたら下記の実務取扱者　○○までご連絡を下さい。

よろしくお願い申し上げます。

敬具

記

測量場所　　○○○○二丁目○○番○○　　　（地番）
　　　　　　○○○○二丁目○○番○○号　　（住居表示）

所　有　者　　○○○○七丁目○○番○○号
　　　　　　○○　○○

実務取扱者　　○○○○測量登記事務所
　　　　　　〒○○○○
　　　　　　○○○○12-6
　　　　　　TEL　03-○○○○-○○○○
　　　　　　○○○-○○○○-○○○○
　　　　　　測量士・土地家屋調査士　○○○○

「先生、隣地挨拶のときの注意点は何ですか。」

「これも、お願いしている立場という姿勢。

　必ず、依頼地の土地所有者と一緒に行くこと。

　依頼人がインターホンを鳴らし、依頼人が最初にお願いする。このときに、依頼人が用意していた茶菓子を依頼人自ら手渡す。

　次に、依頼人が隣接土地所有者に私を紹介する。

　その後は、私からもお願いする。」

「お願いばかりですね。」

「この最初に会っている時間、話している約３分間が大切なんだ。実はね、この約３分間で、その人を観ているんだ。優しい人か、気難しい人か、人の話を聞く人か、などね。」

「へえ、そうなんだ。」

「曽根君、前にも言ったかと思うが、最も大切なことは、**心を豊かにしていること**だね。**心を豊かにしている**と、その人が言った一言に、感動したり、感銘したり、怒りを感じたりすることがあるんだ。その感情を大切にするんだ。」

「感情を大切にしている人って、そうそう、いないですよね。」

「だからこそ、大切にするんだ。今度の立会いのときにも役に立つよ。その人の情報だけでなく、感情の情報もあるからね。」

　やはり、５千人以上の人から署名捺印を頂いている先生の言葉には、重みがある。

　それから、最初の挨拶で、注意することを言ってくれた。

　必ず、依頼地の土地所有者と一緒に行くことだと。手ぶらではなく、茶菓子も持参する。

　依頼地の土地所有者と一緒に行くと、隣接土地所有者の対応が違うそうである。

　アポなしで、留守だったら何度でも足を運ぶそうだ。１回目

は手紙をポストに投函し、2回目以降は名刺を投函しておくと良いとのこと。2回目以降に会えたとき、隣接土地所有者が「何度も足を運ばせてすみませんね。」と言ってくれるそうだ。

依頼地の土地所有者と一緒に行く理由は、隣接土地所有者へ挨拶に行った段階で、今後の測量を進めるかどうか、判断できるからだそうだ。

こんなことがあったそうだ。

隣接地はアパートで、土地所有者は近くのマンションに住んでいた。

依頼地の土地所有者Ａさんがインターホンを鳴らすと、女性の声がした。隣接地の登記記録は女性だったので本人とも思えた。

インターホン越しにＡさんが挨拶をした。

先生が直接会ってお話ししたいのですが、と言っても、女性はドアを開けようとしなかった。

女性は、Ａさんの名前を言って、「何を、今になって。帰ってください。」と言った。

帰りの道で、Ａさんに先生が聞いたそうだ。

「もう一度、日を改めて伺いますか。このまま、測量を進めますか。それとも、ここでやめますか。」

Ａさんは、「帰って、不動産業者と相談してみます。」という返事だった。

その後、仲介不動産業者のＢさんから先生に連絡があり、「先生、何とかならないんですか。これでは、売れないので、先生、何とかしてください。」と言う。

そして、先生は、「女性は、『何を、今になって。』、と言っておりましたので、私にはどうしようもありません。Ａさんとよ

く話し合っていただけますか。」と、答えたそうである。
　結局、その女性の所有土地以外の境界確認をしたそうだ。
　他の土地家屋調査士先生の話を聞くと、隣地ともめた場合、
依頼人や仲介不動産業者の人が、土地家屋調査士の原因だと決
めつけることがあるのだ。

　先生曰く、
「どんな場合も、土地家屋調査士は中立の立場です。依頼地の
土地所有者にも隣接土地所有者にも、選択肢が多くなるように、
直接体験してもらい、いろいろな方法を提供してあげなければ
ならない。
　多くの選択肢を提供できるかどうかは、その土地家屋調査士
の力量による。そのためにも、**心を豊かにし**、判例をよく勉強
しておく必要がある。」と。

　45年間で、挨拶の段階で断られたのは、これを含めて２件だ
そうです。

「曽根君、立会いのお願いの手紙を、隣接土地所有者に郵送し
てください。」
「先生、電話で確認したのに、どうして、また、手紙を送るの
ですか。」
「忘れてしまう人もいるんだよ。」

土地境界確認の立会いのお願い

拝啓

　時下ますますご清祥のことと、お喜び申し上げます。

　この度、○○○○ 様 所有の下記土地の土地境界確認測量にご協力下さいまして、ありがとうございました。

　つきまして、隣接地であるあなた様に、下記の日時に現地で立会いをお願い致したく存じます。当日、協議の上、境界を確認致します。

　立会い後日に、土地境界確認書を２部作成し、互いに署名捺印の上、１部ずつ持ち合うことと致します。

　雨天の場合も、行いたいと思います。

　それでは、当日、お忙しいとは存じますが、よろしくお願い申し上げます。

　何か、ご不明な点がございましたら下記の実務取扱者 ○○までご連絡を下さい。

敬具

記

立会い日時　　令和○年○月○日（日）　午前１０時

立会い場所　　○○○○二丁目○○番○○　　（地番）
　　　　　　　○○○○二丁目○○番○○号　（住居表示）

所 有 者　　　○○○○七丁目○○番○○号
　　　　　　　○○　○○

実務取扱者　　○○○○測量登記事務所
　　　　　　　〒○○○○
　　　　　　　○○○○１２-６
　　　　　　　TEL　０３-○○○○-○○○○
　　　　　　　○○○-○○○○-○○○○
　　　　　　　測量士・土地家屋調査士　○○○○

いよいよ、今日は、立会いだ。

「今日は、お時間を作ってくださいまして、ありがとうございます。イチョウさんには、休日なのに、時間を作ってくださいまして、ありがとうございました。」

　と、先生が挨拶をした。

　株式会社イチョウの社長と思われる人が先生と依頼人の村上さんに名刺を渡した。

　先生は、名刺を見ながら、

「栗本社長、今日は、お時間を作ってくださいまして、ありがとうございます。」

　もう一人、栗本社長に同行している不動産会社の人だという人も先生と依頼人の村上さんに名刺を渡した。

　先生は、名刺を見ながら、

「荒木さんも、今日は、お時間を作ってくださいまして、ありがとうございます。」

　と、改めて挨拶をした。

　先生は必ず、名前を言って挨拶をする。

　不動産業者の荒木さんという人は、他の隣接所有者の３人にも名刺を渡した。

　実は、私たちは立会時間の１時間前に着いていた。車で移動するため、渋滞などのトラブルがあっても間に合うためだと、先生は言っていた。

　到着すると、以前付けていたペンキ印が消えていないかどうかの確認をした。

　道路境界については、すでに、役所の人と立会いは済んでいた。

　ここは、震災復興地域のため、役所との立会いは、申出人のみで、隣接土地所有者との立会いは行わない。

今日は、民民境界確認のみである。
「先生、どうして境界の立会いをするんですか。この土地、売りに出すんですか。」
　先生が境界の説明をする前に、隣接土地所有者の瀬戸さんから質問が出た。
　先生はすぐ答えずに、依頼人の村上さんをみんなの輪の中に招いた。
「いや、ちょっと、いろいろな理由で、この土地を売ろうかと思っているんです。」
　と、申し訳なさそうに村上さんは答えた。
　その村上さんの、みんなへの迷惑をかけて、すまなそうに話している姿に何かを感じたのか。それ以上の突っ込んだ質問はなかった。
　先生は売買であることを知っていたが、その理由までは知らない。知る必要はないということだと思う。
　しかし、なぜ、先生が売買ですと答えなかったのだろうか。
　先生が言うには、売買というのは、依頼人の個人情報ともいえるし、隣地には隠しておきたいことかもしれないと。もし、先生から話してしまうと、依頼人の秘密厳守にならなくなってしまう。

「では、境界について、説明させてください。
　ここに金属標があります。それから、震災復興図や道路境界図や地積測量図を基に再現すると、黄色のペンキ印で、ポツンと印を付けたのですが、この黄色のペンキ印になります。この金属標と黄色のペンキ印との離れは、このように３㎜になります。」
　先生は赤鉛筆で黄色のペンキ印を指し、金属標との離れを三

角スケールをあてて、説明していた。

「おお、この金属標で、合っているんだ。」

　と、瀬戸さんが言った。

「こちらも、同じように資料を基に再現すると、この黄色のペンキ印になります。金属標との離れは、8㎜になります。国土調査法では、8㎜は許容誤差になります。」

　あの厳しい先生が、8㎜は許容誤差だと説明していた。

　ちょっと、戸惑った。

「先生、8㎜、私たちの土地の方に入り込んでしまうということですか。」

　と、不動産業者の荒木さんが質問した。

「入り込むという意味ではなく、この金属標が、資料通りに設置されていないと理解していただければと思います。震災復興図や地積測量図や道路境界図の資料によると……。」

「いやいや、株式会社イチョウの土地に村上さんの土地が食い込んで、株式会社イチョウの土地が減ってしまうということだろ。」

　先生が話している途中で、荒木さんが口をはさんだ。

「こちらを見ていただけますか。道路境界図と震災復興図によると……。」

「株式会社イチョウの土地が減ってしまうのでしょ。」

　またもや、先生が話している途中で、荒木さんが口をはさんだ。

　すると、先生が、

「まずは、私の説明を聞いていただけますか。それから、質問していただけますか。立会時間も短縮できます。他の方の待つ時間も短くなります。」

　と、荒木さんの目を見て話した。

見事に、先生のペースに持っていった。

　ある土地家屋調査士から、先生の武勇伝を聞いたことがある。
その話を思い出した。
　立会いのとき、先生が説明しているときに、今日と同じよう
に不動産業者の方が何度も口を挟んでいたそうだ。そのため、
なかなか先に進めなかった。一緒に立会いをしていた他の隣接
土地所有者も呆れていたとのこと。
　すると、先生は、「だまらっしゃい。」と、怒鳴ったそうです。
　有り得ないと思った。お願いしている立場なのに、土地境界
確認書に署名捺印を頂くのに、怒鳴ってしまったと言う。その
後、不動産業者の方は黙ってしまったとのこと。
　そうだろうな、今まで優しく話していたのが、いきなり怒鳴
るのだから。
　そのことを先生に話したら、先生は若気の至りと、言ってい
た。舌を出しているアインシュタイン博士の写真のようだった。
時には茶目っ気のある先生だった。
　45年間で、怒鳴ったのは、あの1回だけだそうだ。
　今では、やんわりと、自分のペースに持っていくそうだ。

　その後、先生は荒木さんに説明をした。途中の話を荒木さん
はスルーしているように思えた。
　でも、最後の説明で、荒木さんも株式会社イチョウの栗本社
長も納得した。
「この黄色のペンキ印で、村上さんの土地は登記面積より0.56
㎡少ないです。株式会社イチョウの土地は2.32㎡多いです。株
式会社イチョウの土地の他の点はブロック塀の内側で測量して
います。

私が考えた案は、３つあります。
　この黄色のペンキ印にするか、現在の金属標にするか、村上さんの土地面積が登記面積になるようにするかです。村上さんの土地面積を登記面積になるように確保すると、この金属標より、約５ｃｍ、株式会社イチョウの土地の方に行きます。
　どの方法にいたしますか。」
「先生、この金属標は動いているということですか。」
　と、株式会社イチョウの栗本社長が質問をした。
「道路工事や配管工事などで動いた可能性もありますし、地震で動いた可能性もありますが、証明はできません。他に考えられることは測量誤差や境界標を設置したときの誤差も考えられます。ちなみに、私の測量誤差は２㎜以内で測量されています。」
　栗本社長が荒木さんと話し始めた。声が小さいので何を話しているのか、私には聞こえなかった。
「先生が印を付けてくれたペンキ印で良いです。これだと、資料通りなんですよね。」
「ありがとうございます。黄色のペンキ印ですと資料通りになります。村上さんは、この黄色のペンキ印で良いですか。」
　村上さんは、うなずいた。

　先生は、きちんと、お礼を言っている。しかも、依頼人の村上さんにも確認している。
「今の金属標を黄色のペンキ印に入れ直しますか。それとも、このままにしますか。このままでも、私の測量図では、黄色のペンキ印の位置で作成します。」
「先生は、どちらが良いと思いますか。」
「私は、入れ替えた方が良いと思います。」

「では、そうしてください。」

　と、栗本さんが言った。村上さんは、うなずいた。

「それから、瀬戸さん、こちらの金属標は３㎜ですので、このままで良いと思います。見ての通り、この金属標と黄色のペンキ印は、ほんのわずかズレているだけで、一致しているように見えます。測量図には、この黄色のペンキ印の座標値で作成いたします。いかがですか。」

　先生が誘導しているようにも思えた。

「そうだね、測量誤差というのもあるのだろ。いいよ。」

　瀬戸さんは、快く受け入れてくれた。

　つづいて、鈴木さんと京塚さんの確認も終わった。

「今日は、お時間を作ってくださいまして、ありがとうございました。今回の立会った点で図面を作らせていただきます。その後、境界確認書を作成いたしますので署名捺印のご協力もお願いいたします。」

　と、先生は、深々とお辞儀をした。

　その後、村上さんは、用意していた茶菓子をみんなに渡していた。あの不動産業者の荒木さんにも渡していた。

「先生、ありがとうございました。先生に用意していたものは荒木さんに渡してしまったので、先生には、あとで渡します。」

「いえいえ、気を遣わないでください。それに、署名捺印を頂くまでは安心できません。悪知恵を付ける人がいるんですよね。」

　先生は、以前、こんなことがあったそうだ。

　土地の名義は子で、そこには住んでいないとのこと。立会ったのは母親で、快く確認してくれたのこと。後日電話で、お子

さんの了解を得られたかどうかの確認をして、土地境界確認書を作成し、依頼人の署名捺印した２通を自宅へ持って行ったとのこと。返信用のレターパックも置いていったそうである。母親は、「息子に書いてもらったら送ります。」と言っていたという。

　ところが、２週間たっても、何にも連絡がなかった。そして電話をすると、「もう一度、説明してくれないか。」と言う。

　先生は、今になって、と思ったそうだ。すでに、同じ図面で他の隣接土地所有者から署名捺印を頂いていたからである。

　先生が、自宅へ伺うと、母親と作業着を着た年輩の男の人がいた。母親は、「主人です。」とその年輩の男性を紹介した。

　その年輩の男性が、「隣の土地、売りに出すんだって。この辺、いくらするか、駅前の不動産屋に聞いたんだ。坪200万円だと。この図面だと60坪あるじゃない。１億２千万か。息子がハンコ押さなかったら、どうなるの。売れなくなるの。」

　先生は、土地を子供名義にしていることを不思議に思っていたこともあり、この年輩の男性が本当に父親なのかどうかも、怪しいものだったと思ったそうだ。

　明らかに、お金を要求していることを察知した先生は、「署名捺印は、頂けませんか。もし、頂けないようでしたら、２通とも持ち帰らせていただけませんか。その旨、依頼人に報告いたしますので。」と伝えた。

　考えさせてくれということで、土地境界確認書を持ち帰らずに、先生は帰ったそうである。

　先生は、このことを依頼人に報告。

　その後、依頼人から先生へ、「今までの分の請求書を送ってください。」ということで、先生は請求書を持参して納品した。

　依頼人の話によると、買主側の不動産業者が、その隣接地の

自宅へ行ったそうである。そして、依頼人側の不動産業者と50万円ずつ出し合って、100万円を渡して署名捺印を頂いたという。

　先生の話だと、その人は良い人物でも、悪知恵を付ける人がいる。だから極力、売買ということは伏せておいた方が良いとのことである。

　先生が担当して、お金で境界確認書の署名捺印が解決したのは、45年間でこの1回の、これっきりだそうです。

　今では、伏せておかなくとも、売買でも、隣接土地所有者は協力的だとのこと。「筆界特定制度ができたからではないか。」と、先生は言っていた。

　こんな人もいたそうだ。

　立会いのときには、近所のよしみでお互い様だと言って、境界を認めてくれたのだが、土地境界確認書をもって自宅へ伺うと、「あの境界標でいいよ。でも、ハンコは押さないよ。」と言う。

　このことを依頼人に報告したところ、依頼人は、こんなことを言っていたそうだ。

　「○○さんは、とてもやさしい人に思えたけどな。挨拶も、明るくしてくれるし。なんでだろう。」

　先生は日を改め、茶菓子を持って、もう一度伺ったそうだ。すると、「ハンコは押せないな。」と、前回と同じように、優しく断られたという。

　先生は、「押せない」という言葉にピンときて、理由を聞いたところ、意外な返事が返ってきた。

　「あのね、5年くらい前にね、私が大切に育てていた盆栽を、あの人が飼っていた猫が落として割ってしまったのだよ。その

ことをあの人に言ったら、知らないよ、と突っぱねられてしまったのだ。せめて、もしかしたらそうかもしれませんね、とか何とか、一言、言ってほしかった。」

　隣同士なのに、無視されたことに怒っているのだろう。それに、盆栽は隣接地の人にとって、手塩にかけ育てて、とても大切なものであったのだろう。

　2度目の訪問で、本音が聞けたそうだ。

　先生ならではの、すごさだ。

　先生は、人が話している一言一句をよく聞いている。また、語尾や口調も、しっかりと聞き分けている。

　時々先生は、「申し訳ありません。もう一度、言っていただけますか。」と、右の耳に手を当てて聞き返すことがある。私には演技にしか見えなかった。

　先生は明らかに聞き取れていると思う。なのに、聞き返すということは、よほど大事なことで念を押しているようにも思えた。

　このことを先生に言うと、「歳を取ると、耳が遠くなるんだよ。」と、濁していた。

　先生はこんな経験をされているから、村上さんに、「署名捺印を頂くまでは、安心できません。」と、言ったのだろう。

　『下駄を履くまでは分からない』ということだろう。

　そして、先生は、立会いでの心得を、私に教えてくれた。

立会いでは、司会者でもあり、議長でもある。

　司会者であるためには、多くのことを勉強し、特に判例を勉

強し、多くの選択肢を準備しておくこと。

　司会者とは、参加者全員の考えや意見を引き出すこと。

　どの境界にするかは、参加者に決めてもらう。

　時には、土地所有者同士が平等に利益を得られるように、さりげなく、誘導することも大切。

　最後に、議長として、全員の承諾を確認し、決定する。

　独立した後も、境界立会は、とても緊張する。でも、先生から教えてもらったことが、とても役に立った。

　先生は、「立会いのときに、必ずネクタイ着用で臨みなさい。」と言っていた。すると、自分自身の態度が毅然とすることを感じた。

　先生が以前、「感情を、大切にしなさい。」と言っていたように、自分自身が別人のようにも感じた。

　私は司会者でもあり、議長でもあるんだ、とね。

証拠の三要件　物証・人証・書証

「曽根君、土地境界確認書を作って。各２通だから、全部で、８通だね。」

「先生、サンプルありますか。」

「これで、作ってくれる。」

「分かりました。先生、境界確認書となっていますが、筆界確認書ではないのですか。」

「おっ、良いところに気づいたね。筆界を確認するという行為を、まとめたので、これを読んでみて。大切なことは、筆界と所有権界を区別すること。」

「先生、土地家屋調査士会の見本では、筆界確認書となっていましたが。」

「それは、最高裁判決（最高裁判例昭和41（オ）118土地境界確認請求本訴による）から解釈すると、筆界確認書では、土地家屋調査士の越権行為に該当する場合があるね。確認する境界が明らかに判決による筆界であるならば判例違反にならないね。でも、筆界と思われるという場合は越権行為だね。

『筆界確定書』と書いてあった場合は明らかに越権行為だね。

　だから、『境界確認書』とした方が筆界でもあるかもしれないし、所有権界でもあり、占有界でもあるかもしれないと、広義的意味になるので判例違反にはならないね。」

「すると、私たちは、何を確認しているのですか。」

「判例によると、所有権界となる。国土調査の地籍調査でも、判例では、筆界ではなく所有権界となっている。」

＊後記の筆界と所有権界の違いを参照してください。

後日、先生は次のことを説明してくれた。それは、最後に書くことにする。
1．法と実務の矛盾
2．判例と不動産登記規則の矛盾
3．法務局登記官と土地家屋調査士の立場の違い

「先生、他に、境界確認書で注意しておくことは何ですか。」
「文章の内容だね。」

　先生の説明してくれたことは、下記になる。
1．『協議』を入れる
　　土地所有者間で、話し合いをして、境界を確認した。
　　土地家屋調査士が、「この境界で間違いありません」、と言って境界点を確認したことではない。
　・「**土地家屋調査士が、『ここで間違いないから、署名捺印をしてください』と言うから、私は、署名捺印をしました。**」と、境界確認の責任を土地家屋調査士のせいにする人がいる。
　2．『責任』を入れる
　　境界確認書は、民法696条の和解による契約行為である。
　　契約書なので、署名捺印をした人の間の契約である。
　　土地所有者が変わった場合は、この境界確認書は無効になる。または、筆界確認をした確認行為ともいえる。
　・**土地の買主で、「境界確認書は、見たことがない。私は、この境界を認めません。」と言う人がいる。この場合、譲渡を受けた買主と、再び境界確認が必要になる。**
　　　土地境界の再確認の費用は、譲渡した売主に、損害賠償を請求できる。『責任をもって承継』の契約違反になるか

らである。

3. 甲地は隣接地、乙地は依頼地
 甲地の署名捺印個所は上座になり、乙地は下座になる。
 お願いしている依頼人は、必ず、下座にしなければならない。

4. 署名捺印日の欄は、甲乙、両方に入れる
 日付欄が１カ所のみの場合、本人が署名捺印した日が不明確となる。

・例えば、下記の問題が生じる。

　日付欄が１カ所で、令和５年５月27日となっている場合、同日に甲乙とも署名捺印しているときは問題ないが、甲乙ともに別の日に署名捺印していると、次のような問題が生じる。

　甲または乙の土地所有者が、署名捺印をした後の令和５年５月26日に、不慮の事故もしくは心筋梗塞等で死亡した、または、海外へ５月26日から６月10日まで出張していたとする。その場合、日付欄が１カ所の令和５年５月27日には、甲または乙の土地所有者が、署名捺印をするのは明らかに不可能である。本当に、甲または乙の土地所有者が署名捺印したのかどうかが、疑われる。

　土地境界確認訴訟が生じた場合、この境界確認書の信憑性が疑われ、偽造したものと思われるため、証拠とはならない。したがって、参考資料として提出した後、筆跡鑑定をして、証拠資料となる。

　筆跡鑑定は、現在、民事訴訟では１年待ちとのこと。日付欄が１カ所だと、証拠資料とならない。

境　界　確　認　書

1

　下記の甲地と乙地との境界について、令和〇年〇月〇日現地で立会い協議の上、
別紙図面に表示された境界標のとおり異議がない事を確認いたしました。
　ここに、本境界確認書を2通作成し各自1通ずつ保有する。
　尚、確認した境界線に関して、土地を第三者に譲渡する場合は、本境界確認書を
甲乙共に責任をもって承継せるものとする。

2

記

1．　土地の所在

　　　　甲　地　　　〇〇　〇〇二丁目〇〇番〇〇

　　　　乙　地　　　〇〇　〇〇二丁目〇〇番〇〇

2．　境界標の位置及び境界線

　　　　別添付図面記載の朱線のとおり

3．　土地の所有者

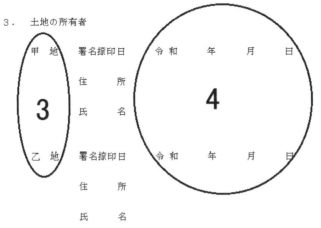

「曽根君、次は、境界確認書用の測量図を作って。」
「先生、こんな感じでどうですか。」
「どれどれ、いくつか訂正があるね。」

先生から、訂正を言われたことは、
1. 求積表の『地積』を『面積』に訂正。
   『地積』とは、登記されている面積である。
   測量図で『地積』という言葉を使用できるのは、登記申請
   に添付する地積測量図のみとのこと。
   登記されていない図面に使用する言葉は『面積』である。
   法律に詳しい土地家屋調査士ならば、使い分けなければな
   らないとのこと。
   裁判、国土調査の地籍調査、測量士が行う用地測量では、
   『地積』と『面積』を使い分けている。
   市販の測量ソフトを、そのまま使用している土地家屋調査
   士だけが、使い分けていない。
2. 図面に使用する写真は、膝の高さで、真上から撮影した写
   真を使用する。
   別紙に、腰上からの写真も、一緒に綴じる。
   写真から、境界位置を判断する証拠としている。
   写真のスケールアップで、境界位置を判断するときもある。
   デジタル写真は、改ざんできるので、必ず、境界確認書・
   測量図・写真と、一緒に綴じる。
3. 方位は、何の方位を使用したかの注意書きを記載する。
   方位には、真北、磁北、地図などがある。
   ある設計者が、測量図の方位は、すべて、真北と思いこみ、
   真北として、設計して、苦情を言ってきたことがあったと
   のこと。

4．任意座標でも、縮尺係数を考慮して計算した場合は、縮尺係数を記載する。

5．図面名は、『現況測量図』または『現況求積図』とする。『確定測量図』または『境界確定図』とは、決して書かないこと。

署名捺印を得られて初めて確定となるため、署名捺印を得る前の測量図に『確定』という言葉を使用することは矛盾がある。

境界確認を要さない測量図（単なる現況測量図）には、

＊『隣接土地所有者および道路管理者とは、未立会未確認』を、必ず記載する。

先生が、境界標を改ざんした写真を、見せてくれた。

改ざん前

改ざん後

一緒に綴じる腰の高さから撮影した境界標の写真

18
既設コンクリート杭

B3
新設鋲

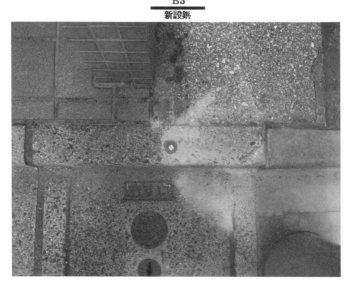

「できたね。次は、これらを、表紙・測量図・境界標写真の順に、袋とじで作って。」

「先生、『袋とじ』とは、何ですか。」

「それぞれを糊やホチキスで閉じるだけでなく、裏表紙と背表紙を1枚の紙で閉じる方法なんだ。

　でも、それだと、紙の無駄が生じるから、背表紙のみを別に作って綴じるといいね。

　しかも、ホチキスを使用するときは、ステンレス製の針を使用すると良い。鉄製だと、錆びて、取れてしまうんだ。せっかく、袋とじにした意味がまったくなくなってしまうからね。」

　この確認書に証拠の三要件が含まれることになると、先生は言っていた。　＊後記の土地境界の証拠の三要件を参照してください。

契印と割印の違い

「先生、できました。」

「曽根君、契印が押しやすいように、背表紙の境目を爪でこうして平らにするといいね。盛り上がりをなくすんだ。」

「先生、契印ではなく、割印ではないですか。」

「うーん、契印と割印は、別物だよ。使い分けなければならないよ。」

「えっ、どこが違うのですか。」

「契印は、数枚のページの連続性を証明するために押印する。この場合のように、袋とじをした場合、背表紙と表表紙、背表紙と裏表紙に押印をすればよいことになる。

　または、ページごとに、ページとページに跨いで押印しても良い。枚数が多いと、押印する箇所も多くなるね。

　割印は２枚の用紙の関連性や整合性を証明するために押印する。３枚以上を割印することは、不可能だね。

　東京法務局の土地建物調査要領では、『契印』と『割印』の区別ができていないね。法務省の法務局が法律用語を間違えて、土地家屋調査士に配っているのだから、土地家屋調査士も間違ったまま使用しているのが現状だね。

　ちなみに、日本土地家屋調査士会連合会の業務取扱要領は、区別している。

　それこそ、チコちゃんから、『ボーっと、生きてんじゃねーよ。』と、叱られるね。」

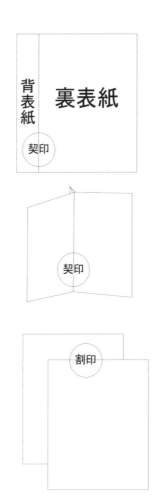

「曽根君、村上さんから署名捺印を頂いたので、境界確認書を
レターパックで送って。

　付箋を付けて、署名捺印と契印が、分かりやすいようにする
といいね。返信用のレターパックも同封してね。

　京塚さんからは、私が直接伺って、署名捺印を頂いてくる
よ。」

「はい、分かりました。」

土地境界の証拠の三要件

「ところで、曽根君、証拠の三要件って、知っている。」
「テレビの刑事ドラマではよく、物証って言っていますよね。
それから、証人を捜せとかね。ほかに、何があるのですか。」
「もう一つは、書証だよ。」
「なるほど、書証ね。」
「この境界確認書が書証になるね。境界確認書に、他の二証拠
を含めて、証拠能力を高める必要があるね。実際に、アドバイ
ザーとして、かかわった土地境界確認訴訟や判例から、この境
界確認書にたどり着いたよ。」
「先生、具体的には、どのような点がそうなのですか。教えて
ください。」

　先生の説明によると、
物証…境界標の写真
　周辺の構造物からの距離をスケールアップで確認できるよう
に、腰の高さで真上から撮影する（別紙にプリントし、表紙・
図と一緒に綴じる）。
　図は、膝の高さで真上から撮影する（現在の実態がよく分か
るように撮影）。
　裁判官は、フィルムによる８ミリカメラで、周囲の360度・
真上を連続して撮影すれば、絶対的証拠（物証）となると言っ
ていたそうである。

人証…署名捺印
　署名捺印の日を明確にする（それぞれの署名捺印日を設ける）。

代筆の場合は、代筆をする理由と代筆者の住所氏名にて捺印する。

書証…すべてを綴じた境界確認書

境界確認書は、民法696条の和解による契約のため、署名捺印した土地所有者間のみに有効である。

土地所有者が変わった場合の対応として、『確認した境界線に関して、土地を第三者に譲渡する場合は本境界確認書を甲乙共に責任をもって承継させるものとする。』を、必ず記載する。これによって、新しい土地所有者と、「この境界線ではない。」とトラブルが生じた場合、前土地所有者に損害賠償の請求ができる。

測量図…証拠能力なし。参考資料である。

測量図の距離には誤差が含まれている。絶対的証拠にはならない。参考資料のみ。

世界測地系座標による地積測量図も同様で、証拠能力はなく、参考資料である。

ただし、裁判で『境界は地積測量図（資料として提出された）通り』という判決が出ている。つまり、地積測量図は、絶対的証拠にはならないが、他の参考資料や裁判所での測量結果、地積測量図を筆界と判断できる。

これらの説明を聞き終わった後、私は証拠能力となる地積測量図を作成しようと思った。そのために、先生の教えを人に伝えられるようにマスターしようとも思った。そして、良い師匠に出会えたと喜びを感じた。

数日後、
「先生、鈴木さんから電話です。境界について聞きたいことが
あるということです。」
「はい、代わりました。加藤です。」
　先生は、2分ほど、「はい、はい。」と返事をしながら、鈴木
さんの話を聞いていた。
「電話で説明すると誤解が生じるかもしれませんので、直接鈴
木さんのところへ伺いまして、資料を見ながら説明したいので
すが、これから伺いますので、お時間はいかがでしょうか。」
「先生、私から言うのもなんですが、電話で説明できないので
すか。」
「曽根君、電話で説明できても、その質問は解決できたとして
も、誤解を招いたり、また新たに聞きたいことが生まれるかも
しれないんだ。境界の質問に対しては、直接、会って話すこと
が最も重要なことだよ。」
　その後、先生は鈴木さんの署名捺印された境界確認書を持ち
帰ってきた。

　先生の姿を見て、大人になっても成長している私です。
　先生、どうもありがとうございます。

受験勉強のノートのまとめ
法律の条文には、ルールがある

「曽根君、勉強は進んでるかい。」

「はい、通信教育を始めました。」

「いいじゃないか。民法、不動産登記法、不動産登記規則、土地家屋調査士法から、99％出題されるからね。めんどくさがらず、条文で確認するんだよ。」

「分かりました。」

「それから、この通信教育学校から、過去問の解説本が出ているよ。他の過去問の本でもいいよ。

　過去問は、問題を解くのではなく、いきなり、解説文を読むんだ。そして、解説文を、まるまるノートに書き写すんだ。ノートは各分野にまとめるといいよ。」

　先生からは各分野を次のように教えてもらった。

1冊目のノート

民法…人の能力（権利能力・意思能力・行為能力）

　　　　物権

　　　　法律行為（意思表示・代理・無効および取消し）

　　　　時効（取得時効・消滅時効）

　　　　所有権（所有者不明土地は新問の可能性あり）

　　　　相続（相続人・相続分・後見人など）

　　　　代理権

　　　　その他

不動産登記法・不動産登記規則について
2冊目のノート
　　　　土地に関して
　　　　　　　　表題登記（土地）
　　　　　　　　分筆登記（分合筆も含む）
　　　　　　　　合筆登記
　　　　　　　　地目・地積変更登記（地図訂正も含む）
　　　　　　　　筆界特定制度
　　　　　　　　その他の土地登記

3冊目のノート
　　　　建物に関して
　　　　　　　　表題登記（建物）
　　　　　　　　建物分棟・分割登記（区分建物も含む）
　　　　　　　　建物合体・合棟登記（区分建物も含む）
　　　　　　　　建物変更登記
　　　　　　　　その他の建物登記

4冊目のノート
　　　　区分建物に関して
　　　　　　　　表題登記（区分建物）
　　　　　　　　規約に関すること
　　　　　　　　その他の区分建物登記

5冊目のノート
　　　　土地家屋調査士法

＊第何条に書いてあるかを必ず書く

「曽根君、覚える気で、書き写すんだよ。書き写し終わったら、毎日、読むんだ。

　1回目は、条文を確認しながら、読む。

　2回目は、内容を理解しながら、ゆっくり読む。

　3回目は、覚える気で、ゆっくり読む。

　4回目は、内容を理解しながら、早く読む。

　5回目は、覚える気で、早く読む。

　6回目は、最初の文字を見ただけで、次に何が書いてあるかを予想しながら、早く読む。

　7回目以降は、最初の文字を見ただけで、次に書いてあることを予想して、合っていたら、その行に横線を引いて消す。

　予想時間は、1秒です。予想している間に、次の文字を読んでいたら、横線は引けない。」

＊すべて消せたら、択一で、17問は確実に正解できる。この方法だと、横線が引かれていない苦手な項目を発見できる。

「曽根君、次に書式について話すね。

　書式は最初に図面を書いてしまうんだ。計算は、あとです。

　それから、建物から説き始めて、次に土地だね。択一用のノートで速読は身についているから、問題文を読むのも早くなっていると思う。

　そして、図面を書く上で重要なことは、問題文の大切なところに下線を引いておく。

　建物は、建物所在図、次に各階平面図を書く。

　床面積は、問題文中で床面積を出しておく。各階平面図での計算の合計と一致していれば、OKだ。

土地は、プロットできる点を最初にプロットする。分筆線と分筆距離以外は、すべて書いてしまう。あとは、計算するだけ。

　時間がなくなったら、書式については、すべての空欄を埋める。間違っていてもいいから書く。

　土地で、計算が間に合わなかったら、分筆距離をスケールアップでもいいから書く。

　分筆後の面積も、スケールアップでいいから書く。

　ぎりぎりまで計算して、求められたら、スケールアップで書いたものを横線で消して、算出した結果を書く、という方法もあるね。

　何も書いてないと、無条件で減点1です。何も書いてない点間距離が5カ所あったら、その時点で、減点5だよ。

　書いてあれば、減点0.5のときもある。」

「この方法だと、

　択一17問で42.5点。

　建物　減点5として、20点。

　土地　計算が間に合わず、減点15点として、10点。

　合計72.5点で、ぎりぎり合格ラインだ。

　合格点数が80点以上の年もあるけど、その分、問題も易しかったということだ。

　択一で1問、間違えるより、土地の計算で3カ所、間違った方が良い。だから、点数を稼ぐなら、択一だよ。

　もちろん、書式にも最低ラインの点があるけどね。」

「では、曽根君、法律の種類って、どんなものがあるか、知っているかい。」

「どんな種類……。憲法とか、民法とか、不動産登記法とかですか。」

「そうだね。その他に条例、判例、先例、通達、そして通説があるんだ。それぞれ条件に合った法律ともいえるんだ。

　では、それぞれの法を説明するね。」

　先生の説明は、

法　……国会で決める。

条例……各地方の行政独特の法を議会で決める。

判例……裁判所が出した判決。

　　　　同じケースの事件の裁判では、この判決が法となる。

　　　　法と同じように拘束力がある。

先例……各行政の事例についての質問の回答など。

　　　　例えば、法務局に対して、ある事例の登記について、「このように登記しても良いですか」という質問に対して、「良いです」と回答が得られ、登記が完了した場合、先例となる。

通達……先例で出した回答を、各関係者に「こうしなさい」と事務処理を通知すること。

　　　　または、各行政で、それぞれの事例がスムーズに処理できるように通知すること。

　　　　つまり、「このように法解釈してください」と、実務上で効力がある。

　　　　通達によって、判決が出されることはない。

通説……学説による法解釈。

　　　　効力はない。

先生から、とにかく、条文を読みなさいと言われた。慣れれ
ば、読み取れると言う。
　条文は、どんなに長い文章でも、主語・述語・目的語がある
と言う。つまり、誰が、何を、どうする、と書かれていると言
う。

　次の語も理解しておくと良いと言われた。
みなす　……法律上、「このように扱う」という意味。
　　　　　　　裁判では、覆すことはできない。
推定する……法律上、「一応、このように扱う」という意味。
　　　　　　　裁判では、覆すことができる。

　条文を読んでいくと、出てくる語。
法律要件……法の適用により、その効力が生じるための条件
法律効果……要件を満たした効力の内容
法律行為……意思表示の行為

「これらから、境界確認書にどのような効力があるかが読みと
れる」
　と、先生は言う。
「〈立会いで、境界を確認し、互いの土地所有者は合意をし
た。〉これは、口頭による合意です。
　証人は土地家屋調査士になる。これだけでも、土地境界確認
の契約は成立する。
　もし、裁判になれば、『言った、言わない』で、土地家屋調
査士は、証人台に立つことになる。そこで、境界確認書に署名
捺印をして、証拠として残す必要があるのです。」

と、先生は、説明してくれた。

　他にも、アドバイスを頂き、見事、１回の受験で合格ができた。

　超オタクなウンチクを話し始めたら止まらない先生のおかげである。それを素直に信じてしまう性格もあるかもしれない。

　合格してからも３年間、先生のもとで土地家屋調査士を勉強した。測量の技術のみならず、人としても成長した気がした。

　私が辞めることを言ったとき、先生は喜んでくれた。

　先生から送られた言葉は、

「卒業は時がきたから人が与えてくれるものではない。自分自身で決めるものだよ。自分自身で決めるから次へ進めるのだよ。夢に向かってね。」

「先生、ありがとうございます。

　最初は初心者のように扱われたりしました。先生の長いウンチクある話を聞きました。図にして説明もしてくれました。懐かしく思ってます。涙が出てきました。

　先生、本当に、どうもありがとうございます。」

土地家屋調査士法 1 条 （土地家屋調査士の使命）

「曽根君、土地家屋調査士法 1 条は知っているよね。

　暗記してね。面接試験で、聞かれるよ。

　それから、他の質問についても、間違っていてもいいから、大きな声で、はっきりと応えてね。」

私は、登記六法から土地家屋調査士法を開いて、1 条を読んだ。

第一条「（土地家屋調査士の使命）

土地家屋調査士（以下「調査士」という。）は、不動産の表示に関する登記及び土地の筆界（不動産登記法（平成十六年法律第百二十三号）第百二十三条第一号に規定する筆界をいう。第三条第一項第七号及び第二十五条第二項において同じ。）を明らかにする業務の専門家として、不動産に関する権利の明確化に寄与し、もつて国民生活の安定と向上に資することを使命とする。

「『土地家屋調査士は筆界を明らかにする業務の専門家』と書いてある。前にも説明したように、土地家屋調査士は小範囲の筆界を測量している。測量士は広範囲の測量をしている。そして、測量士は、主に、国土の設計や工事のための現況測量をしている。

　また、国土調査の地籍調査のための測量をしている。測量範囲がとても広いんだ。このことを、頭に入れておいてね。」

確かに、そんなイメージがある。
「次の話に移る前に、条文の読み方を説明するね。」

　先生の説明は、括弧書きについてだった。括弧書きについては、いろいろなルールがある。
　土地家屋調査士法１条の括弧書きは、『ただし』と読むそうだ。つまり、範囲を限定する、条件付き限定括弧書きだと言う。

　次のように読み替えなければならないとのこと。
『筆界（『ただし』不動産登記法（平成十六年法律第百二十三号）第百二十三条第一号に規定する筆界をいう。第三条第一項第七号及び第二十五条第二項において同じ。『に限る』）

　つまり、土地家屋調査士法１条の『筆界』は条件付きとのこと。

「曽根君、だからといって、条件付き筆界ではないんだ。不動産登記規則第77条では、土地家屋調査士は筆界を扱っていることを前提としているんだ。本来ならば、不動産登記規則第77条も括弧書き内に記すべきところだね。
　ところが、そうしなかった理由があると思う。
　これは私の法解釈だが、もし、不動産登記規則第77条を括弧内に入れてしまったら最高裁判決の判例違反となる。判例違反になることを土地家屋調査士法にすることはできない。
　数年前に東京・九段の法務局本局へ質問に行ったところ、法務省民事局の登記官の回答も、『先生方の境界を確認している登記業務は、筆界として受理しています。』と、言っているんだ。」

先生は、土地家屋調査士法１条の『筆界』について、さらに、説明をしてくれた。

「土地家屋調査士の業務について、当時の日本土地家屋調査士会連合会の会長が、法務省民事局民事第二課長あてに、照会を提出しているんだ。

　簡単に言うと、『土地家屋調査士の業務で、登記の申請を伴わない土地境界確認も、筆界を明らかにする業務として、できるものと考えています。』という問いに対して、『その通りです。』という、回答を得ているんだ。

　当然、『できますか。』という質問に対して、『できます。』と回答が返ってくることは当たり前です。そうでなければ、不動産登記法に抵触してしまうからです。

　もし、『土地家屋調査士は、登記の申請を伴わない土地境界確認も、筆界を明らかにする業務をしていると、考えてよろしいですか。』と、質問したら、『登記業務に限ります。』と、回答が返ってくると思います。

　『その通りです。』と、法務局が回答してしまったら、最高裁判例違反になってしまうからです。」

令和3年4月23日

法務省民事局民事第二課長　　　　　　　　　殿

　　　　　　　　　　　　　日本土地家屋調査士会連合会
　　　　　　　　　　　　　会　長

土地家屋調査士の業務について（照会）

　土地家屋調査士及び土地家屋調査士法人は、「土地の筆界（不動産登記法（平成 16 年法律第
123 号）第 123 条第 1 号に規定する筆界をいう。第 3 条第 1 項第 7 号及び第 25 条第 2 項におい
て同じ。）を明らかにする業務の専門家として、不動産に関する権利の明確化に寄与し、もって
国民生活の安定と向上に資することを使命とする」ものであることが、土地家屋調査士法（昭
和 25 年法律第 228 号）第 1 条（同法第 41 条第 1 項において準用する場合を含む。）において明
らかにされているところ、この「土地の筆界（不動産登記法（平成 16 年法律第 123 号）第 123
条第 1 号に規定する筆界をいう。第 3 条第 1 項第 7 号及び第 25 条第 2 項において同じ。）を明
らかにする業務」には、下記に記載する業務が含まれ、土地家屋調査士及び土地家屋調査士法
人がこれを行うことができるものと考えていますが、貴職の見解を伺いたく、照会します。

記

　土地の所有者等の依頼を受けて、土地の筆界に関する資料の収集その他の調査を行い、土地
の筆界を明らかにする業務のうち、登記の申請を伴わないもの

　　　　　　　　　　　　　　　　　　　　　　　　　　　　　　　　　　　　　　　以上

法務省民二第７６２号
令和３年４月３０日

日本土地家屋調査士会連合会長　⬛⬛⬛⬛⬛⬛⬛
殿

　　　　　　　法務省民事局民事第二課長　⬛⬛⬛⬛⬛⬛⬛
　　　　　　　　　　　　　　　　（公印省略）

　土地家屋調査士の業務について（回答）
　本月２３「」付け日調連発第３２号をもって照会のありました標記の件につい
ては，貴見のとおりと考えます。

さらに、付け加えて、先生が説明してくれた。

「しかし、裁判所の判決を類推適用すると、土地家屋調査士が業務として土地境界確認を行っていることについて、筆界を確認しているとは認めていない。

　民法696条により、所有権界を確認している行為は和解による契約行為と解釈できる。

　ここに、矛盾がある。

　日本は、三権分立の制度だから、このような矛盾が生じても、当たり前だね。」

日本国憲法

第4章国会　第41条［国会の地位・立法権］

国会は、国権の最高機関であって、国の唯一の立法機関である。

第5章内閣　第65条［行政権］

行政権は、内閣に属する。

第6章司法　第76条［司法権］

第1項

すべての司法権は、最高裁判所及び法律の定めるところにより設置する下級裁判所に属する。

　不動産登記法・不動産登記規則・土地家屋調査士法を作ったのは、**国会**です。

　不動産登記法・不動産登記規則などを基に、登記業務を行うのは**法務省法務局**です。

　土地家屋調査士法の下で業務を行うのは、**土地家屋調査士**で

す。
　そして、罰則を下すのは、**法務大臣**です。
　土地家屋調査士が境界確認を行ったのは、筆界なのか所有権界なのかの判断を下すのが、**裁判所**です。

　さすが、先生です。日本大学法学部法職課程を卒業しているだけのことはあります。

「曽根君、裁判所は、境界確定を、どのようにとらえていると思う。
　土地家屋調査士を目指すのであれば、筆界を確定できる唯一の裁判所の考え方を知っておく必要があるよ。」
「そうですね。ぜひ、教えてください。」

　先生が説明してくれた裁判所の考え方は、おおむね下記のようになるとのこと。

・境界確定訴訟では裁判官が境界を『創設』する。
・境界確定訴訟の境界とは筆界を意味する。
・所有権界の場合、所有権界確認訴訟となる。
・ここに、筆界と所有権界、確定と確認が区別して使われている。

　そして、裁判所の境界確定の在り方の判決があると言うので、見せてもらいました。

昭和39年11月26日

東京高等裁判所

主　　　　文

　　　原判決を破棄する。

　　　本件を千葉地方裁判所に差戻す。

理　　　　由

　上告理由について

　〈要旨〉土地境界確定の訴においては、裁判所は、当事者の申立に拘束されずに、裁判所が相当と判断するところに〈/要旨〉従つて、境界を確定すべきであるとされているが、これはもちろん、境界の確定が、裁判所の自由裁量に委されていることを意味するものではない。

すなわち、裁判所は、まずできるだけ客観的に存在している境界線を発見するよう努力しなければならないのはもちろんであり、その不明な場合に、いかにして境界線を定むべきかについては、法律は具体的にはなにも規定しているところはないが、古くから、裁判所の取扱と外国の立法例などによれば、係争地域の占有の状況、隣接両地の公簿面積と実測面積との関係を主にし、このほか公図その他の地図、境界木又は境界石、場合によつては林相、地形等を証拠によつて確定し、それらの各事実を総合して判断するを要するとされているし、このことは条理に合したものと解せられる。

殊に、境界線を確定することは直接に隣接地の所有土地の範囲を確定するものではないが、多くの場合それに対し重大な影響をもつものであるから、隣接地の実測面積と公簿上の坪数の関係は、それがなくとも境界線が明らかに定められるような特別な場合を除いては、必ずこれを確定して、双方の関係を参酌して定むべきである。

このことは、わが国でも裁判実務上相当古くから現在まで行われている実務上の慣行ともいえる裁判所の取扱であることは、当裁判所に顕著なところである。もしこれらの証拠資料によつても境界を知ることができないときには、衡平の原則から争いのある地域を平分して境界を定めるなどしなければならない（大審院昭和一一年三月一〇日判決、民集一五巻六九五頁参照）。いずれにしても裁判所は、常に合理的な理由づけのもとに境界を確定しなければならない。

　原判決はその理由において、本件上告人と被上告人との間に争いのある地域の境界の確定のために、その根拠をるる説示するが、上段判示のごとき特別の事情についてなんらの判断もなさず、かつ境界の確定のためにもつとも重要と思われる占有の状況及び本件係争地域を含む各隣接地の公簿面積と実測面積との比較検討についてもなんら判示するところがない。

占有の状況はさておくとして、本件記録によれば、本件係争の上告人所有の東金市ａ字ｂｃ番のｄと被上告人所有の同所ｃ番のｅとはともに同一地番の土地から分筆されたものであり、しかも広大な山林や原野ではなく、いずれも比較的狭少な宅地（もつともｃ番のｄの土地は、登記簿上は原野となつている）であることが明らかである。

従つて、右分筆の際には測量がなされたものと推測されるし、殊に、もし同時に分筆なされたものであれば、公簿上の面積と実測面積との関係についても、特別の事由がない限り、大体同一の割合によることが通常であるから右各当事者所有の土地（ないしはｃ番の他の地番の土地も含めて）の実測面積を算出し、これを公簿面積と比較対照してみることは、本件境界の確定のために必要欠くことのできないものといわざるを得ない。

　しかるにこの点についてなんら審理、判断することなく、本

件境界を確定した原判決には、法律の解釈、適用を誤り、審理不尽もしくは理由不備の違法があるといわなければならない。右違法は、原判決に影響を及ぼすことが明らかであるから、原判決は全部破棄を免れず、論旨は理由がある。

　よつて本件上告はその他の点について判断するまでもなく、理由があるから、民事訴訟法第四〇七条により原判決を破棄し、本件を原裁判所に差戻すこととして、
主文のとおり判決する。

裁判長裁判官　　〇〇〇〇
裁判官　　〇〇〇〇
裁判官　　〇〇〇〇

裁判所では、必ず境界（筆界）を確定するということである。

　先生が測量した案件で、最高裁でやっと判決が出た。判決に沿って測量してくださいと依頼があったそうだ。
　先生が依頼人に「最高裁判決まで、何年かかりましたか。」と、聞いたところ、10年だそう。
　別の案件で、3年かかって地方裁判所の第1審の判決が、先生が作成した図で依頼人が勝訴した。負けた原告が控訴した。
　被告の土地は、先生が測量した土地だったそう。高等裁判の第2回公判で原告が控訴を取り下げた。取り下げた理由は、和解による調停となったからである。
　和解内容は原告の主張した境界と1審で判決が下された境界間、5cmの中間点となった。裁判が始まってから和解が成立するまでは5年だった。
　最近では、裁判から和解調停に進むことが多いそうだ。長くなる裁判の弁護士費用と土地の価格を比べると、弁護士費用のほうが高くなるという。途中で和解調停になってしまうから、土地境界に関する判例が少ないそうである。

　先生が、最後に、私に言ったことは、
「**土地家屋調査士は、筆界を明らかにしている**、と、自信を持ちなさい。そのためにも、広範囲の測量を、**精度の高い測量を**しなさい。」と。
「そして、いずれは、地積測量図が絶対的証拠として、裁判に採用されるようになる。」と。

「先生、私、頑張ります。」

法務局に備え付けられている地積測量図は、筆界の絶対的証拠にはならない。裁判では参考資料とされる。

　水戸黄門の印籠のように、世界測地系の座標値での地積測量図が提出されたら、判決が下されることが理想だ。さすれば、裁判は、第1審で終結だ。

　そのためには、地積測量図の精度を高める必要がある。また、地積測量図作成の法改正が必要である。それから、筆界を明らかにできる土地家屋調査士として、広範囲の測量を必要とする。

　そして、その測量結果が誰が測量しても筆界であり、世界測地系座標値の誤差が1cm以内であることが必要だ。

　先生は、

「無理と思ったら、そこで終わり。先に進むことはできない。」

「できるのではないかと思い、リサーチする。」

　と、言っている。

　先生の座右の銘は、

『天地の間に己一人、己より始めよ』

（小山勝清著の『それからの武蔵』より）

精度の高い登記基準点を設置する

　精度の高い地積測量図を作成するためには、精度の高い登記
基準点が必要である。

　現在の公共基準点は、地積測量図を作成するためには精度が
悪すぎる。なぜならば、公共基準点は広範囲の土地を測量する
ために設置されたものだからである。

　現在、全国で進行中の地籍調査の基準点は精度が悪い、と先
生は言う。

　用地測量を行うには、既存の３級基準点を使用してはいけな
い。２級基準点または三角点から、精度の高い３級基準点を設
置する必要がある。そして、４級基準点の設置である。

　しかし、費用と日数が必要とされる。

　地籍測量において部分のみは、約１cm以内と精度が良い。
しかし、作業地域の端の境界点と端の境界点を考えると、約５
cmと精度が悪い。誤差の配分で、１筆の精度は約１cm以内
と良くなる。

　いずれは、三角点または２級以上の基準点を利用した基準点
測量は、なくなるだろう。

　電子基準点を利用するＧＮＳＳ測量が主流となるだろう。さ
すれば、どのような地域でも、位置誤差が１cmになる。

　ＧＮＳＳ測量機器のメーカー側は直径25㎜の誤差があると言
っている。

　ただし、精度の高いＧＮＳＳ測量を行っている土地家屋調査
士は、今のところいない。費用がかかるためだ。不動産登記法
では、そこまでの精度を要求していない。

　土地家屋調査士を開業したての人でも、精度の高い地積測量

図を安い価格で作成できるようにするためには、日本土地家屋調査士会連合会が精度の高いGNSS測量による登記基準点を全国に設置する必要がある。

　先生は、精度の高いGNSS測量による登記基準点を全国に設置する提案を日本土地家屋調査士会連合会にしたが、「所属会を通してください。」と言われた。同じように東京土地家屋調査士会にしたが、「所属支部会を通してください。」と言われた。そこで、支部会の研修で提案したが、賛同してくれる人は一人もいなかったそうである。

　理由は、地積測量図を作成するのに、そこまでの精度は必要ないということらしい。

　つまり、筆界点間10mで29㎜は公差である許容誤差の範囲ということである。これで十分とのこと。

　以前、先生から話を聞いたことを思い出した。単純ミスを公差の許容範囲だと言ってしまう土地家屋調査士も、いるんだなと思った。

　先生曰く、

　だからこそ、精度の高い測量に意識を向ける必要があるとのこと。そのためにも、意識を精度の高い基準点にも向ける必要がある、と主張するとのこと。

2020年に先生が提案したビジョン

2025年 　地積測量図作成規則の施行

　　　　　登記基準点測量法の施行

　　　　　作業規定ではなく、法とする

2026年 　法務省法務局、全国に約５万点の２級登記基準点設置

　　　　　を発注する

2030年 　各都道府県の土地家屋調査士会が約10万点の３級登記

　　　　　基準点の設置作業を始める

2035年 　約15万点の登記基準点設置完了

　　　　　各都道府県の土地家屋調査士会が登記基準点管理部の

　　　　　設置

2040年 　裁判所が「地積測量図は精度が高く、１cm以内で復元

　　　　　可能な筆界の証拠」であると判決を出す

　　　　　地積測量図は絶対的証拠となる

　　　　　＊過去の判例が覆る瞬間

2041年 　「**地積測量図のある土地に境界紛争無し**」と見出しのつ

　　　　　いた新聞が、発刊される

　　　　　地積更正登記のブームがくる

2042年 　国が地積測量図作成の補助金の予算を組む

2045年 　日本土地家屋調査士会連合会

　　　　　「**筆界紛争ゼロ**」の**目標達成**

地積測量図を作成する測量に三角点使用は不要

不動産登記規則第77条（地積測量図の内容）

１、地積測量図には、次に掲げる事項を記録しなければならない。

一　地番区域の名称

二　方位

三　縮尺

四　地番（隣接地の地番を含む。）

五　地積及びその求積方法

六　筆界点間の距離

七　国土調査法施行令第二条第一項第一号に規定する平面直角
　　座標系の番号又は記号

八　基本三角点等に基づく測量の成果による筆界点の座標値

九　境界標（筆界点にある永続性のある石杭又は金属標その他
　　これに類する標識をいう。以下同じ。）があるときは、当
　　該境界標の表示

十　測量の年月日

第八号で「基本三角点等に基づく測量の成果による筆界点の座標値」と書いてある。

「基本三角点等」とは、国土地理院が設置した三角点、行政が設置した基準点、区画整理組合が設置した基準点、土地家屋調査士が設置した登記基準点がある。他に、電子基準点がある。

国土地理院が設置した三角点について、

1等三角点、2等三角点、3等三角点は、日本国全土を測量するために設置している。4等三角点は、国土調査法による地籍調査のために設置された。

4等三角点と1級基準点は、同等の精度を要している。

＊国土調査法、地籍調査作業規程、地図作成等基準点測量作業規程は、広範囲の数筆の土地を測量することを前提としている。

＊登記基準点は、民民境界の筆界点をも記録する地積測量図作成のみの小範囲を測量することを目的としている。

＊国土調査法、地籍調査作業規程、地図作成等基準点測量作業規程は、民民境界の筆界点をも記録する地積測量図作成のみの小範囲を測量することに適していない。

＊三角点の設置目的が民民境界の筆界点をも記録する地積測量図作成に適していない。地積測量図作成を目的としていない。

したがって、地積測量図作成のための基準点（多角点）の点検測量の結合・閉合誤差の許容範囲を独自に設定する必要がある。

$$2\,\text{mm} + 2.6\,\text{mm}\sqrt{N}\,\Sigma\,S$$

地積測量図作成に三角点を使用することは、皆無である。

数値で証明してみる。

◎ 三角点は全国で109,483点、東京都で476点
（2018年4月1日現在）

◎ 三角点の1点に対する面積、
全国点数／国土面積＝109483/377973.89㎢
$$≒1/3.45㎢$$
東京都点数／東京都面積＝476/2193.96㎢
$$≒1/4.61㎢$$

◎ 東京都にて三角点を使用する確率は、
地積測量図を作成するための範囲／三角点1点の範囲
$$＝（0.2×0.2）㎢/4.61㎢≒1/115.25$$
地積測量図を作成する登記依頼が年間10件の場合の確率は
115.25/10件で11年に一度、使用することになる。
三角点を使用することは、めったにない。

◎ 三角点の方位点が1km以上のため、ＧＮＳＳ測量または
測量士の技術が必要である。
櫓の設置が必要な場合もある。

　土地家屋調査士が三角点を使用しての測量は、ハードルが高
過ぎる。測量士の資格を持っていて、基準点測量1級の資格も
必要です。そのような土地家屋調査士がいるとは聞いたことが
ない。三角点を使用して地積測量図を作成した土地家屋調査士
は皆無だと思う。

　しかし、不動産登記規則第77条で、「三角点等」を使用する
と、書かれている。

測量士と土地家屋調査士の技術

では、測量士と土地家屋調査士の技術の違いは何だろう。

	測量士	土地家屋調査士
管　轄	国土交通省	法務省
主な法律	測量法 公共測量作業規程	不動産登記法 国土調査法
公　差	20mで10mm以内	20mで33mm以内

1、測量士は広範囲の測量を得意としている。

2、土地家屋調査士は小範囲の測量を得意としている。

3、測量士は三角点測量ができる。

4、土地家屋調査士は登記基準点測量ができる。

5、測量士は地域開発等の測量ができる。

6、土地家屋調査士は筆の土地境界に精通している。

7、測量士は直接水準測量が主。

8、土地家屋調査士は間接水準測量が主。

筆界と所有権界

　筆界とは公的境界であり土地所有者間で移動したり曲げたりはできない。

　（最高裁判例 S42.12.26　第三小法廷・判決　昭和41（オ）118）

　所有権界とは土地所有者間で自由に決めることができる。

◎　境界確定　筆界・所有権界等を決める。

◎　筆界確定　裁判所のみが決めることができる。

　　　　　　　裁判官が筆界を創設できる。

◎　所有権界確定　民法による契約行為。裁判所にて決めることもできる。

◎　境界確認　すでに決まっている筆界・所有権界等を確認する。

◎　筆界確認　すでに確定している筆界を現地にて確認する。

　すでに確定している筆界とは

１．裁判で確定された境界

（最高裁判例 S43.2.22 第一小法廷・判決 昭和42（オ）718）

２．法務局に備え付けられた地積測量図が存在する分筆された境界

（東京高等裁判所　平成26年（ネ）第2488号）

土地の境界を定めるに当たって、分筆時の地籍測量図を参考にして定めるのが相当である

３．不動産登記法14条地図の境界

◎　所有権界確認　すでに確定している所有権界の確認。

　　　　　　　　　　　占有している境界の確認。

☆　境界確認書または境界確定図に署名捺印することにより所
有権界が確定となる。

◎　筆界特定　法務局が筆界を特定する。特定は線でなくとも
　　　　　　　よい。範囲でもよい。

　　　　　　　（不動産登記法123条 2 項）

◎　境界査定　行政が一方的に境界を確定する。

　　　　　　　（東京地方裁判所　昭和53（行ウ）163）

　　　　　　　筆界の確定　　　→　　　裁判官

　　　　　　　筆界の特定　　　→　　　筆界特定登記官

　　　　　　　筆界の認定　　　→　　　登記官

　　　　　　　筆界の推認　　　→　　　土地家屋調査士

　　　　　　　筆界の確認　　　→　　　土地所有者

　境界確定は裁判所のみができる。一般に言う境界確定は所有
権界確定である。

　「土地境界確認」は筆界でもあり所有権界でもある。

　**土地家屋調査士、測量士、土地所有者は筆界を確定すること
はできない。**

　図面名が「確定測量図」と書かれている測量図を目にするが、
「確定」では、判例によると、土地家屋調査士が作成した「確
定測量図」は所有権界のみになってしまう。

　しかし、「現況測量図」または「実測図」とした測量図を使
用して境界確認書を作成すれば、「筆界」でもあり「所有権界」
でもあると解釈できる。

〈筆界〉不動産登記法と最高裁判例

○不動産登記規則第77条（地積測量図の内容）

　地積測量図には、次に掲げる事項を記録しなければならない。

六　筆界点間の距離

九　境界標（筆界点にある永続性のある石杭又は金属標その
　　他これに類する標識をいう。以下同じ。）があるときは、
　　当該境界標の表示

○判例

＊最高裁判所　第三小法廷・判決 昭和41（オ）118

土地境界確認請求本訴、同反訴請求

（筆界を土地所有者間で決めることはできない。）

　隣接土地所有者間に境界についての合意が成立したことのみ
によつて右合意のとおりの境界を確定することは許されない。

＊東京地方裁判所　昭和53（行ウ）163

公共用地境界査定無効確認等請求事件

（行政が行っている道路境界確定は所有権界を確認している。）

　地番と地番との境界は、隣接する土地所有者間の合意で確定
又は変更し得るという性格のものではないから。

　両者の合意を要件とする同条の境界確定は、地番と地番との
境界を定めるものではなく、国有地とその隣接地との所有権の
範囲を確定するものであることが明らかである。

　その性質は財産所有者としての国と隣接地所有者との契約と
解すべきである。

＊前橋地方裁判所　昭和59年（行ウ）第1号
国土調査の地籍調査の成果無効等確認請求
　（国土調査法による地籍調査は、行政処分ではない。境界確認は所有権界を確認している）。

　　抗告訴訟の対象となる行政処分とは、行政庁の法令に基づく行為のすべてを意味するものではなく、公権力の主体である国又は公共団体が行う行為のうちで、その行為により国民の法律上の地位ないし具体的権利義務関係に直接影響を及ぼすものに限られるというべきであるところ、本件訴えの対象は、以下述べるごとくいずれもかかる行政処分性を有しない。

＊福岡高等裁判所　平成7年（ネ）第101号
土地所有権確認請求
　（地籍調査で筆界を確定できない。所有権界を確認している。）

　　地籍調査の地籍簿・地籍図は当該土地の権利者である国民の法律上の地位ないし具体的権利関係に直接影響を及ぼすものではないから、本件地籍調査の過程で行われた本件合意によっては、具体的権利関係に直接影響を及ぼす境界の確定はできないと主張する。確かに、地籍調査それ自体及びこれに基づいて作成された地籍簿・地籍図は、土地の現状をあるがままに調査・把握してこれを記録するのであるから、境界を形成したり確定する効力を有しない。しかし、地籍調査に際して境界の合意があれば、地籍調査等の効力としてではなく、右合意の効力として所有権移転の効果が生じることもあるのであって、本件合意が本件地籍調査の過程で行われたからといって、右効力を否定することはできない。

＊最高裁判所　第一小法廷　昭和42（オ）718
（取得時効の成否は、境界確定の訴における境界確定とは関係がない。）
　境界確定の訴は、隣接する土地の境界が事実上不明なため争いがある場合に、裁判によって新たにその境界を確定することを求める訴であって、土地所有権の範囲の確認を目的とするものではない。

　土地家屋調査士が行っている土地境界確認は、判例の類推適用により所有権界の民法による契約行為である。

＊**不動産登記法と判例に矛盾がある。**

○東京法務局への先生からの質問１
「判例では、私たちが行っているのは所有権界を確認しているとなっていますが、不動産登記法では地積測量図に筆界点とその座標値を記載しなさいとなっています。判例通り所有権界としてよろしいですか。」
●回答
「先生方が筆界を確認しているということで申請を受理しています。」

○東京法務局への先生からの質問２
「不動産登記法と判例とに矛盾があります。どのようにお考えですか。」

●回答

「先生方が筆界を確認しているということで申請を受理しています。」

　と、同じ回答であった。

※ここに法務局と裁判所の考えに違いがある。

　境界確定は裁判所のみができる。一般に言う境界確定は所有権界確定である。

「土地境界確認」は筆界でもあり所有権界でもある。

　土地家屋調査士、測量士、土地所有者は筆界を確定することはできない。

＊「境界確定」は、裁判所のみできる。

　筆界は初めから存在するので土地家屋調査士の業務は「境界確認」である。

　判例によると、類推適用により、土地家屋調査士の「境界確定」は所有権界を確定する業務で筆界ではない。

「境界確認」は筆界でもあり所有権界でもある。

「法務局は土地家屋調査士が所有権界を確認しているということを知っています。知りながら筆界として受理しています。道路との境界確認も所有権界と知っていて筆界として受理しています。

　土地家屋調査士が行っているのは所有権界ですが、その頭の裏には筆界でもあるということを持っていてください。確認すべき所有権界は所有権界兼筆界でなければならない。」

　と、先生は強く言っていた。

　官民境界協議は沿革的に「所有権界兼筆界」を決める手続。登記官は境界協議の結果を筆界についての認識の一致もあるとみる。

　土地所有者も土地家屋調査士が行っている境界確認は筆界と食い違いがあるとは思っていない。

　だから、土地家屋調査士は筆界を明らかにしていると自信を持って言えるように、精度の高い測量をすべきである。

令和2年に土地家屋調査士法1条が改正された。
（土地家屋調査士の使命）
第1条　土地家屋調査士（以下「調査士」という。）は、不動産の表示に関する登記及び土地の筆界（不動産登記法（平成16年法律第123号）第123条第1号に規定する筆界をいう。第3条第1項第7号及び第25条第2項において同じ。）を明らかにする業務の専門家として、不動産に関する権利の明確化に寄与し、もつて国民生活の安定と向上に資することを使命とする。

　土地家屋調査士は、精度の高い筆界を測量することになる。
　所有権界ではない。筆界を明らかにするためには精度の高い基準点から、精度の高い測量で筆界を測量することが必要であ

る。

　筆界を明らかにするのであるから、少なくとも、隣接地の土地の筆界も測量する必要がある。

　先生は、１日で、１ブロックと隣接地の境界と思われるところを測量してしまう。もちろん、隣接ブロックの道路境界も測量してしまう。しかも、100mで２mm以内の誤差で。

　１日の境界点、引照点の合計側点数は、約300点である。計算も速い。翌日には、検討図が完成されている。

「広範囲に測量しているため、筆界点を算出するのが、たやすいとのこと。小範囲の測量では筆界点は根拠のない想像の境界点に過ぎないとのこと。」

　と、先生は言う。

東京都建設局の「境界確認」と「境界確定」の定義

① 　境界確認とは

　道路・河川事業用地の買収時等に東京都と隣接土地所有者との所有権について合意がなされているが、書面として表していない箇所について、調査・測量し現地で立会・協議のうえ、境界を明示して双方の合意に基づき所有権境界を土地境界図に表し、記名・押印することにより所有権の境界を確認することをいう。

② 　境界確定とは

　未譲与無番国有地及び都有地となった無番国有地について、境界を明示し協議して、双方合意に基づき所有権境界を土地境界図に表し、記名・押印することにより所有権の境界を確定することをいう。

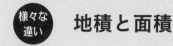 地積と面積

「地積」の意味
三省堂大辞林の解説（インターネット）
「土地の面積。土地の広さ。」

フリー百科事典ウィキペディアの解説（インターネット）
「地積（ちせき）とは、不動産登記法上の一筆の土地の面積を
いう。」

「面積」の意味
日本国語大辞典の解説（インターネット）
「一定の面の広さ。面の一部あるいは全部の広さ。」

〇不動産登記規則第77条（地積測量図の内容）
地積測量図には、次に掲げる事項を記録しなければならない。
五　地積及びその求積方法

〇不動産登記規則第100条（地積）
地積は水平投影面積により、平方メートルを単位として定め、
１平方メートルの100分の１（宅地及び鉱泉地以外の土地で10
平方メートルを超えるものについては、１平方メートル）未満
の端数は切り捨てる。

○裁判所判決文
登記面積（地積）と実測面積のように、使い分けている。

○公共測量作業規程第451条～第454条
面積計算、用地実測による面積。
国土調査法施行令別表四の地積測定の公差との検査。

＊　「公簿面積」ではなく「登記面積」が正しい表現。登記簿
は存在しないため。現行法でいう登記簿は、電磁記録のできな
い帳簿、または、閉鎖されている帳簿。

裁判所、地籍調査、道路拡幅の公共事業の用地測量では、
「地積」とは、「登記されている土地の面積」である。
「面積」「実測面積」または「現況面積」とは、
「登記されていない土地の面積」である。

**「地積」という言葉を使用できるのは、登記のために作成した
地積測量図のみです。現況測量図に「地積」という言葉を使っ
てはいけない。現況測量図に使用できる言葉は、「面積」のみ
である。**

　土地家屋調査士ならば、地積と面積を使い分ける必要がある。
意味の違いを知っていなければならない。

＊　市販の測量ソフトのプログラマーは、すべての求積表を
「地積」としてしまった。

先生は15年前から指摘している。無知が起こした原因だという。

2018年８月ごろから求積表の選択を地積測量図作成用と現況
測量図作成用に選択できるようにプログラミング方法を教えて
いるが、まだ、できていないそうである。

市販測量ソフトの場合は各自ユーザーが訂正する必要がある。

方法１、求積表の地積を直接に面積と訂正する。

方法２、フリーフォーマット作成で自分用の求積表を作成す
る。

座標一覧表も独自にオリジナルを作成できる。

先生が言うには、間違ってプログラミングされた市販の測量
ソフトを、ほとんどの土地家屋調査士がそのまま使用している
とのこと。そのため、現況測量図や実測測量図の面積計算に
「地積」という言葉を、そのまま使用している。

法的意味の違う「地積」と「面積」を使い分けている土地家
屋調査士に、いまだ、会ったことがないとのこと。

それから、市販のソフトをそのまま使用しているため、回り
間（点間）距離は求積地の外側に表示するというルールも守ら
れていない。求積地の敷地内に表示している土地家屋調査士も
いるとのこと。

道路境界「確定」と道路境界「査定」

　先生は、「他にも、意味も分からずに使っている土地家屋調査士がいます。」という例を挙げてくれた。

「『道路境界査定』です。『査定』とは一方的に決める意味です。話し合いなどありません。

　『道路境界査定』は、行政が一方的に道路境界を決めることです。境界立会は、一方的に決めた境界を土地所有者に現地にて説明するだけです。そこに、話し合いによる協議はありません。」

東京地方裁判所　昭和53（行ウ）163
公共用地境界査定無効確認等請求
被告の主張
旧国有財産法（大正一〇年法律第四三号）の下における境界査定は、官民有地の境界を行政庁が一方的、強権的に決定する行政処分であつた。しかし、新憲法施行後、旧国有財産法の全面改正が行われ、右境界査定の制度は廃止されるに至つた。そして、新しく制定施行された現行の国有財産法には、当初、官民有地の境界を定める規定が置かれていなかつたため、しばらくの間、官民有地の境界を定める特別の手続を欠く状態が続いたが、昭和二六年に制定された国有林野法に、現在の境界確定手続とほぼ同内容の国有林野の境界確定手続が規定されるに至つた。この境界確定の性格については、国有林野法の提案理由説明において、「相手方の意思のいかんにかかわらず、一方的に境界確定をする以前の境界査定とは全く性格を異にする」旨の説明がなされている。この国有林野法の境界確定制度が昭和三

二年の法律第一〇七号による国有財産法の一部改正により国有
財産法に取り入れられ、ここに国有財産一般の境界確定制度が
確立されるに至つたものである。なお、旧国有財産法では、
「境界査定」という用語が使用され、実務上も定着していたに
もかかわらず、現行の国有財産法では、「境界確定」という用
語を新しく採用している。以上のような経緯及び新憲法のよつ
て立つ民主主義の原理にかんがみても、現行境界確定制度は、
一方的強制的な決定を内容とする旧国有財産法の境界査定制度
を全面的に排除し、新憲法の民主主義の精神にふさわしく、合
意を基調として境界を確定するものとして設けられたものであ
り、右境界確定は、国と隣接地所有者との契約であることが明
らかというべきである。

「道路境界査定」は、戦前の日本が軍事国家時代に行われてい
た。戦後、天皇が人間宣言をして、日本は民主主義国家となっ
た。
新憲法により違憲行為となると被告は主張している。

さらに、東京地方裁判所　昭和53（行ウ）163
公共用地境界査定無効確認等請求
　（道路境界確定は行政処分部はなく、所有権界を確認している
という判決も出ている。）

判決理由
国有財産法三一条の三の境界確定に関しては、行政庁に何らの
優越的地位も認められておらず、行政庁は隣接地所有者に対し
境界確定のため協議に応じるよう求め得るにとどまり、隣接地
所有者が行政庁と境界につき合意するか否かは隣接地所有者の

全くの自由意思に委ねられており、右合意が得られない場合には、手続は終了し、行政庁において一方的に境界を定めることができないのはもとより、それ以上に何らかの行政上の手続を進めることもできないのである。換言すれば、同条の境界確定は、各省各庁の長と隣接地所有者とが対等の立場で境界を協議し、両者が合意に達した場合に成立するもので、その性質は財産所有者としての国と隣接地所有者との契約と解すべきである。ところで、地番と地番との境界は、行政作用により定められる公法上のものであつて、隣接する土地所有者間の合意で確定又は変更し得るという性格のものではないから、両者の合意を要件とする同条の境界確定は、地番と地番との境界を定めるものではなく、国有地とその隣接地との所有権の範囲を確定するものであることが明らかである。したがつて、同条の境界確定は、財産所有者としての国と隣接地所有者との間において国有地とその隣接地との所有権の範囲を定める契約というべきである。そうだとすれば、国有財産法三一条の三の境界確定は、「行政庁の処分その他公権力の行使に当たる行為」ということができず、同条を根拠とする本件境界確定も、これを抗告訴訟の対象とすることができないのであつて、その無効確認又は取消しを求める本件無効確認の訴え及び本件取消しの訴えは、この点においていずれも不適法といわなければならない。原告らにおいて、本件境界確定が無効であるとして、本件係争地の所有権を主張し、あるいは本件土地の境界確定を求めるのであれば、所有権確認の訴え、あるいは境界確定の訴えを提起すべきものである。

申請書と申出書

「申請」は行政法。

「申出」は民法。

まだ、この区別ができていない行政が多い。

「申請」の意味

日本国語大辞典の解説（インターネット）

「国または公共団体の機関に対して、認可・許可その他訴訟行為など一定の行為を求めること。」

土地境界確認申請は行政処分行為。

土地境界において協議は不要。

戦前の「境界査定」である。

「申出」の意味

日本国語大辞典の解説（インターネット）

「意見や希望などを、自分から進んで言って出る。目上の人に進言する。」

土地境界確認申出は民法における契約行為。

立会・協議が必要。

契約行為のため不成立もある。協議不調となり、境界が確認できない場合もある。

　1995年ころ、先生が、東京都建設局用度課法務担当者から、相談があるので来てほしいと呼ばれたそうである。

　その内容は、「現在、『道路境界確定申請書』となっているのですが、何か、良い名称はないですか。」とのこと。

「申請書」となっているため、境界に不服がある場合、行政不服申立の訴えが、何度かあったとのこと。

　東京都建設局では、道路境界は筆界ではなく、所有権界を確認している。

東京都建設局所管の都有地・国有地との境界確認・確定の申出に係る提出書類の作成要領

1　東京都建設局が行う土地境界確認・確定事務の定義

（1）境界確認

　道路・河川事業用地の買収時等に東京都と隣接土地所有者との所有権について合意がなされているが、書面として表していない箇所について、買収時の関係資料等に基づき調査・測量し、現地で立会・協議のうえ、境界を明示して双方の合意に基づき所有権の境界を土地境界図に表し、記名・押印することにより所有権の境界を確認することをいいます。

（2）境界確定

　都有地となった無番旧国有地及び建設局事業の道路・河川等に供されている未譲与の無番国有地（以下「国有地」という。）について、既存の関係資料に基づき調査・測量し、現地で立会・協議のうえ、境界を明示して双方の合意に基づき所有権の境界を土地境界図に表し、記名・押印することにより所有権の境界を確定することをいいます。

　そして、裁判所では、「道路境界確定申請書」について「申請書」であるが、内容は行政処分行為ではなく協議により境界を確認しているため、民法による行為である。

　したがって、この行政不服申立の訴えは、却下とする。

　つまり、「申請書」は行政処分行為であると原告の弁護士は

考えている。

　例えば、「登記申請」「建築確認申請」「運転免許の更新申請」は、行政処分行為である。

　行政は、許可、不許可の回答をすればよい。申請人の意見を聞く必要はない。

　そこで、先生の提案が「申出書」であった。

「申出」ならば、道路境界について、協議を基に、現地において立会確認となる。

　協議をするわけだから、行政処分ではない。

　東京都は先生の提案を受けて「道路境界確定申出書」に訂正をした。

　と、先生は、嬉しそうに自慢話をした。

　かわいいところもあるんだなと思った。

　その後、「申請」と「申出」の法の違いを理解した行政は訂正をしている。

　法の違いを理解していない行政は、未だ、訂正ができていない。

　土地家屋調査士ならば、「申請」と「申出」の法の違いを理解しておく必要がある。

　さすれば、実務において、土地境界立会で「筆界」を「確認」しているのか、「所有権界」を「確定」しているのかが理解できるでしょう、とのこと。

座標計算の手順

座標計算の順序
    1．トラバー手簿計算
    2．トラバー記簿計算
    3．トラバース計算
    4．S点計算　タスキ図を作成する
    5．座標変換（ヘルマート計算）
    6．検討図を作成する

トラバーは、極力、閉合トラバーを組む。
閉合トラバーの閉合誤差を 0 ㎜に近づける。
オープントラバーは、極力、組まない。
結合トラバーにする場合は、
誤差を **2 ㎜＋2.6㎜$\sqrt{\text{N}\Sigma\text{S}}$以内**にする。
  （　N＝辺数、ΣS＝合計距離 km　）

基準点測量の盲点

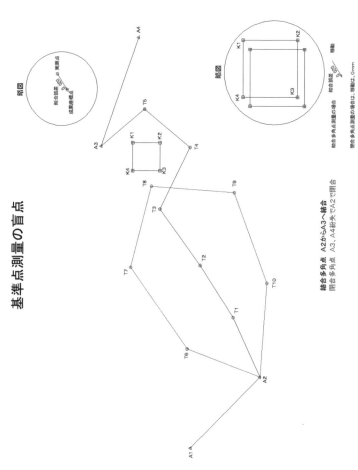

略図

結合誤差
成現座標点
実測点

略図

結合誤差
移動
移動量±1.0mm

結合多角点測量の場合

閉合多角点測量の場合は、移動量±1.0mm

結合多角点　A2からA3へ結合
閉合多角点　A3、A4紛失でA2で閉合

結合多角測量を行ったことにより、現況の境界標より20mmズレたことになる。
既基準点の中間に現地に現地がある場合は、10mmズレることになる。

1．トラバー手簿計算

①採用でトラバー測量のみを選択。
②手簿計算をクリック。
③トラバース計算をクリックして、移動する。

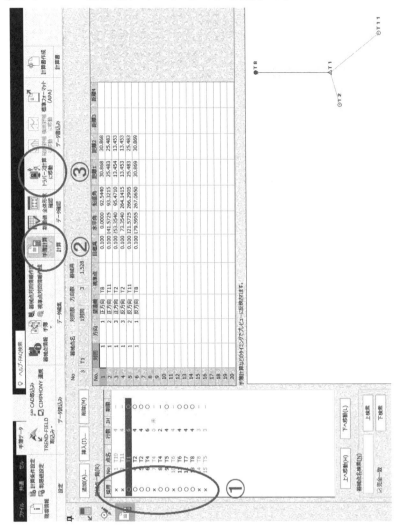

観測手簿

　トラバース計算では、距離は前視での距離を採用し、後視点の距離は採用されない。

　後視点距離も採用すると、計算式は①の a を平均して、②の距離を平均した距離から計算される。

　機械高が同じであれば、①の a は前視の距離も後視の距離も一致する。

　しかし、実際は違ってしまう。なぜならば、機械高はミリ単位で同じになっていないから。

　すべてのトラバー点の機械高をミリ単位に設置するのは、困難で、設置にも時間がかかる。

　往復計算での機械高が10㎜違うと、水平距離は１㎜違ってしまう。

　測量誤差ではなく、計算で１㎜の誤差を生んでしまう。

観 測 手 簿

現場名：台東区竜泉
作業名：

令和 4 年 6 月 19 日

測点 No. 6	観 測 日	年 月 日	天 候		観 測 者	
T2	偏心状況	B=○=P	器械高 i	1.525	器械高 g	1.525
	測器 N o		測 器		器械定数	
	気 温	℃	気 圧	hPa	気象補正	ppm
	開始時刻	10 時 40 分	終了時刻	時 分		

[水平角]	目盛	望遠鏡	方向	視準点名	観 測 角	結 果	倍 角	較 差
	0	r	1	T1	0-00-00	0-00-00		
			2	T3	177-41-05	177-41-05	10	0
		l	2	T3	357-41-05	177-41-05		
			1	T1	180-00-00	0-00-00		

《結 果》	視準点名	平 均 値	倍角差	観測差
	T1	0-00-00		
	T3	177-41-05		

[鉛直角]	望遠鏡	視準点名	目標高	観 測 角	合 計	r-l = 2Z	90±α = Z	α
	r	T1	0.100	96-25-35				
	l			263-35-55	360-01-30	192-49-40	96-24-50	-6-24-50
	r	T3	0.100	95-17-40				
	l			264-43-40	360-01-20	190-34-00	95-17-00	-5-17-00

| | | | 高度定数差 | 10 | | | | |

[距 離]	視準点名	目標高m	距離 1	距離 2	セット内較差1	セット間較差	反射鏡定数	平 均
			距離 3	距離 4	較差2			
	T1	0.100	13.471	13.471	0			13.470
			13.471	13.470	1			
	T3	0.100	15.386	15.386	0		1	15.385
			15.385	15.385	0			

2．トラバー記簿計算

①データーをクリック。

②記簿計算をクリック。

③係数を縮尺係数0.9999になるようにする。

　役所または国土地理院のHPより、近くの基準点のデーターから直接入力してもよい。

④係数算出をクリック。

⑤第9系にする。

⑥平均縮尺係数をクリックする。

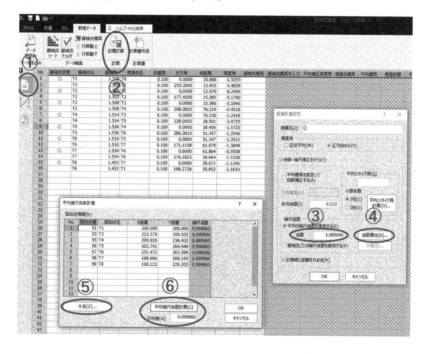

3. トラバース計算

調整前
①閉合差表示をクリック
②角閉合差＋20″
③座標閉合差 7 ㎜
④精度 1 ／44726 （44 m で 1 ㎜の誤差）

　これでも、十分な精度であるが、観測誤差をさらに精度を良くし、調整する。
閉合誤差 **2 ㎜＋2.6㎜$\sqrt{\text{N}\Sigma\text{S}}$** の式に当てはめると、
　2 ＋2.6×$\sqrt{}$（ 8 ×0.316261） ＝6.1㎜
座標閉合差 7 ㎜なので、許容誤差を超えている。

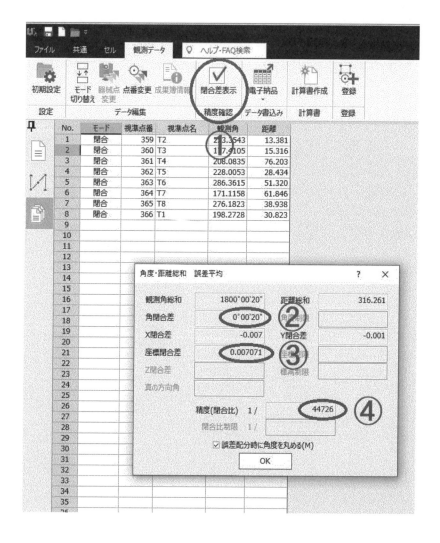

調整後

①角閉合差＋20″なので、観測手簿から正反の平均値ではなく、
　観測角の小さい方を選び、入力する。

②X座標は－7㎜、Y座標は－1㎜なので、X座標の距離が長
　くなるように、観測手簿の後視の距離を入力する。

③角閉合差が5″となる。

④座標閉合差が1.4㎜となる。

⑤精度1/223671　（223mで1㎜の誤差）

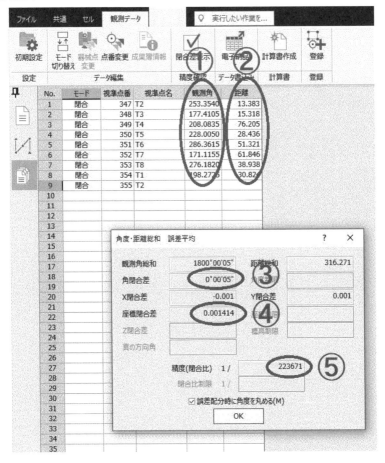

４．Ｓ点計算　タスキ図を作成する

①次にＳ点（トラバー以外の測点）計算をする。

　トラバース計算で縮尺係数を0.9999にして計算した場合は、

　Ｓ点計算も縮尺係数をかけて計算する。

②資料のタスキ掛け計算図を作成する。

③資料のタスキ掛けと同じように、Ｓ点のタスキ掛け図を作成

　する。

④距離の差をＳ点のタスキ掛け図に記入する。

⑤その差が2㎜以内の数字に○を付ける。

⑥3㎜の差は、△を付ける。

⑦他にも距離を比較したい点間距離があれば追加する。

⑧ヘルマート変換の候補点名に○を付ける。

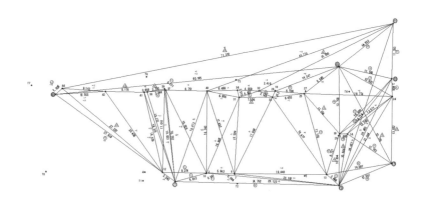

172

5．座標変換（ヘルマート計算）

座標変換は**合同条件**で行う。

①変換条件をクリックする。

②伸縮率の比率を「1.0000」にする。

③誤差が4mm以上のものを削除する。

　極力、誤差は2mm以内になる点を候補点とする。

　ない場合には3mm以内でも良い。

④変換したい点の登録点名の頭文字に「h」を付ける。

　すべての点をヘルマート変換して登録する必要はない。

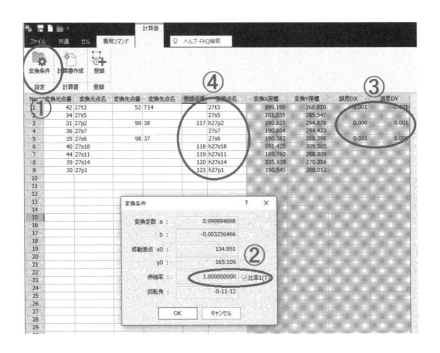

注意

ヘルマート変換は1つの座標系にまとめる。

ヘルマート変換した座標をさらにヘルマート変換しない。

＊ヘルマート変換した座標をさらにヘルマート変換することは、決して、やってはいけない。

＊ヘルマート変換の誤差が5㎜になる点は、決して、候補点にしない。

　次の図は、ヘルマート変換をさらにヘルマート変換し、5㎜の誤差も候補点とした場合と、正しくヘルマート変換した場合の違いです。

　当初のトラバース計算で、0.9999の縮尺をしていない。したがって、1回目のヘルマート変換の伸縮率が0.9998588となってしまい、そのまま計算をしてしまっている。

　トラバース計算の閉合誤差が1㎜という精度なのに、座標変換の計算の違いで、7㎜も違ってしまった。

現況

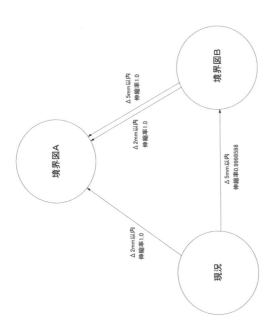

ヘルマート変換 先生

ヘルマート変換 ○○調査士

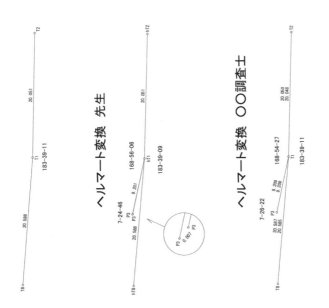

20.050 球面距離
20.048 平面距離

175

6．検討図（調査素図）を作成する

赤　計算
青　土地境界図
紫　地積測量図、登記記録
緑　区画整理図
黒　現況

色別にすると距離や面積を比較しやすい。
それぞれの再現点と現況とのズレの拡大図を作成する。

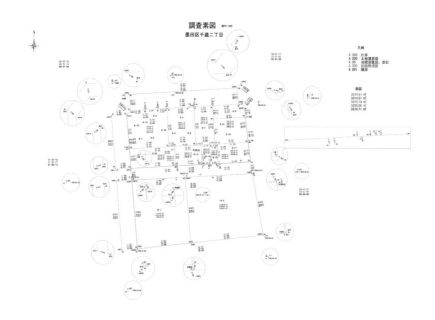

太陽観測の真北測量は、何時に行うか？

図①

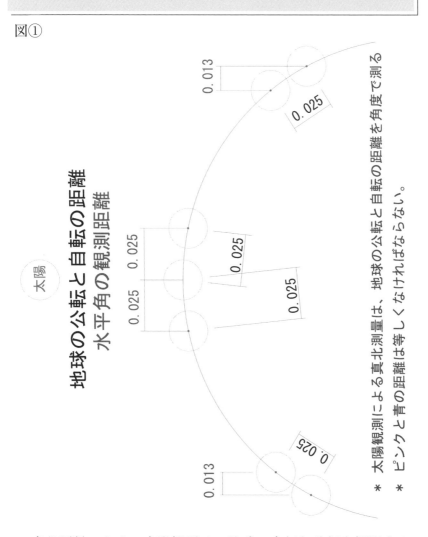

太陽

地球の公転と自転の距離

水平角の観測距離

0.013

0.025

0.025　0.025

0.025

0.025

0.025

0.013

0.025

＊ 太陽観測による真北測量は、地球の公転と自転の距離を角度で測る

＊ ピンクと青の距離は等しくなければならない。

・真北測量のための太陽観測は、地球の自転と公転を観測する。

・測量は、水平角のみ観測ができる。斜めの角度は測量できない。

・地球の公転と自転の距離は、水平角の観測距離と一致しなければならない。
・等しく観測できる時間は、南中時間の前後約１時間。
・日の出や日没の時間は、誤差が大きくなる。
・どちらの観測も、実際の真北より狭い角度で計算結果が出る。
・朝や夕方が観測しやすいと言っている土地家屋調査士・測量士がいるが、大きな間違いである。
・実際に、同じ日に、午前９時と正午と午後４時の３回の観測をすると、計算結果が違う。
・南中時間に太陽の中心を観測した角度と正午に観測した計算結果は、角度にして約１分以内である。

縮尺　約　1／5兆

太陽　　　　　　　　　　　　　　　　　　　　　地球

地球の１０９倍
太陽

地球

半径696000km（国立天文台）

赤道半径6378.137km（理科年表）

　図の上部は、太陽と地球との距離を縮尺約５兆分の１の平面図、図の下部は、太陽の大きさと地球の大きさとの比較図。

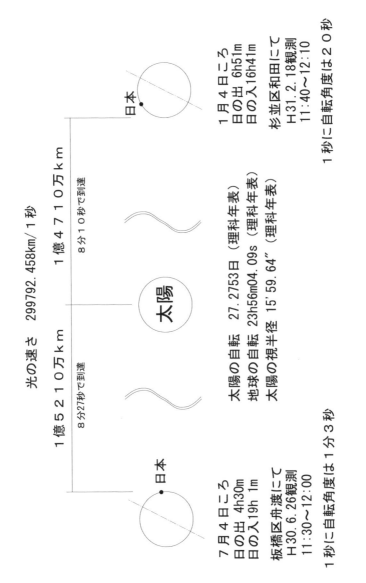

光の速さ　299792. 458km／１秒

１億５２１０万ｋｍ　　　　　　　　１億４７１０万ｋｍ

８分27秒で到達　　　　　　　　　　　８分10秒で到達

太陽

日本　　　　　　　　　　　　　　　　　日本

太陽の自転　27.2753日（理科年表）
地球の自転　23h56m04.09s（理科年表）
太陽の視半径　15'59.64"（理科年表）

７月４日ごろ　　　　　　　　　　　　　１月４日ごろ
日の出 4h30m　　　　　　　　　　　　日の出 6h51m
日の入19h 1m　　　　　　　　　　　　日の入16h41m

板橋区舟渡にて　　　　　　　　　　　杉並区和田にて
H30.6.26観測　　　　　　　　　　　H31.2.18観測
11：30～12：00　　　　　　　　　　11：40～12：10

１秒に自転角度は１分３秒　　　　　　１秒に自転角度は２０秒

　太陽の実際の日の出時間、日の入時間と、理科年表の日の出
時間、日の入時間の疑問図である。

１月４日ころの日の出時間は、６時51分である。この時間は、毎年、ほぼ同じ時間である。

　太陽から光が地球に届く時間は約８分10秒。

　すると、日の出は、理科年表の日の出時間より約８分10秒前の時間で、６時51分－８分＝６時43分となる。

　理科年表の時間から光が地球に到達する時間を引かなければならないのか？　という疑問が生じる。

　理科年表の南中時間、日の出時間、日の入時間は、視太陽の位置（地球から太陽を見た位置）を基準にして、光の到達時間、光の屈折率（陽炎など）なども計算されている（東京天文台担当者の説明）。

　その時間を地球時間に表したのが理科年表である。

　光の到達時間を考える必要はない。

　このことを先生がトコロテンを作る木の器でたとえて説明をしてくれた。

　「６時43分の太陽の光は、すでに地球に届いている。６時51分に地球に届いている光を太陽から発している光が押し出す。トコロテンを作るようにです。

　実際は６時51分に６時43分の光を観ていることになる。

　太陽の光は点灯しているわけではなく、連続して地球に届いているからです。」

　思わず私は「うん、うん。」とうなずいてしまった。

太陽による真北測量の検証

　実際の太陽観測による真北測量を検証してみよう。
観測場所　厚木市
観測日　　2023年9月10日
観測時間　9時台、10時台、11時台、12時台、
　　　　　13時台、14時台、15時台
　　　　　計7回
＊同じ場所で、1日に7回、時間をずらして、太陽観測による
　真北測量を行ったのは、世界でただ一人、と先生は自慢して
　いた。

　前頁の図①が立証された。
**太陽観測による真北測量の観測時間は、南中時の11時台が最
も、正確に真北の方向を観測できる。**

　朝や夕に観測することは、やってはいけない。

　地球は、地軸の傾き23.4度で、365.2422日で太陽を1周する
公転をしている（理科年表による）。

太陽による方位角計算簿

観測場所　厚木市森の里一丁目34番3号　先

観測日　令和5年9月10日

φ=北緯　35° 26′ 2m 3m
λ=東経　139° 18′ 34.6″ 58.0″ 14.0 s
A=直径　当日+ 翌日+　現示値 45.6 s / 6.5 s

対　回		1	2	3	4	5
日本標準時(観測時)	T=	9:h 0:m 52.0:s	9:h 3:m 15.0:s	9:h 7:m 16.0:s	9:h 8:m 16.0:s	9:h 11:m 16.0:s
中央子午線の経度	λ0=	9: 0:	9: 0:	9: 0:	9: 0:	9: 0:
世界時	UT=	0: 0: 52.0	0: 3: 15.0	0: 7: 16.0	0: 8: 16.0	0: 11: 16.0
視世界時	ΔE=	0: 2: 45.7	0: 2: 45.7	0: 2: 45.7	0: 2: 45.7	0: 2: 45.7
観測点の経度	λ=	0: 3: 37.7	0: 6: 0.7	0: 10: 1.7	0: 11: 1.7	0: 14: 1.7
観測点よりの時間差	AUT=	9: 17: 14.3	9: 17: 14.3	9: 17: 14.3	9: 17: 14.3	9: 17: 14.3
地方平均時	ALT=	9: 20: 14.3	9: 23: 16.0	9: 27: 16.0	9: 28: 16.0	9: 31: 16.0
時角	th=	12:	12:	12:	12:	12:
時角(角度)(th×15)		−3: 20: 52.0	−3: 23: 15.0	−3: 27: 16.0	−3: 28: 16.0	−3: 31: 16.0
時角	t=	−40°13′ 0.0″	−40°48′45.0″	−48°45.0″	4°.0″	−38° 43′ 0.0″
世界時	UT=	0:h 0:m 52.0:s	0:h 3:m 15.0:s	0:h 7:m 16.0:s	0:h 8:m 16.0:s	0:h 11:m 16.0:s
暦表時-世界時	ΔT=	52.0″	45.0″	60.0″	60.0″	60.0″
暦表時	ET=	2:h 70.0	4: 26.0	8: 70.0	8: 26.0	12: 26.0
ET/24h	D=	0.00141 42037	0.00306713	0.005856481	0.006550926	0.008634259
暦表時の時の視赤緯	δ0=	5° 6′ 58.0″	6° 6′ 58.0″	5° 6′ 58.0″	5° 6′ 58.0″	5° 6′ 58.0″
赤緯の補正値	Δδ=	0: 0: 1.9	0: 0: 4.2	0: 0: 8.0	0: 0: 8.9	0: 0: 11.8
観測時の視赤緯	δ=	6: 56.1	6: 53.8	6: 50.0	6: 49.1	5: 46.2
太陽の方位角	S'=	−60: 13: 13.2	47: 37.5	46: 35.9	1: 28.6	−58: 36.3
	(m−ω)=	120: 13: 13.2	47: 37.5	46: 35.9	1: 28.6	122: 36.3
	M=	319: 41: 370	7: 121: 318	8: 121: 318	53: 22.0	317: 15.0
	M=	79: 54: 50.2	79: 54: 52.5	54: 47.9	53: 50.6	79: 54: 51.3
平　均　値	M=	79: 54: 50.3				

S'=tan-1(sin t /(tan δ * cos ψ − sin ψ * cos t))

『真北方向角の計算』

平面直角座標系の系 λ0=	139° 50′ 0.0″	139° 50′ 0.0″	38° 35′ 26″	38° 35′ 26″	44° 39′ 28.89″
平面直角座標 λ=	139° 18′ 34.6″				
λ0−λ=	31′ 25.4″		0.0″ 43.8″	139° 35′	29.16″

sin ψ= 0.579928303

真北方向角 γ=(λ0−λ)×sin ψ
γ= 0° 18′ 13.4″

γ'=M(平均値)+γ
方位磁石の方向角 γ'= 80° 13′ 3.7″

厚点緯度 ψ0= 38° 35′ 0.0″
測点緯度 ψ= 38° 35′ 26″ 43.8″

『太陽の南中時』

日本経緯度原点(東京都港区麻布台一丁目18番1)
経度　139° 38 m 14 s
緯度　35° 39 m 53 s

観測点　11:h 38 m 11:h 39 m

太陽による方位角計算簿

観測場所　厚木市森の里一丁目34番3号　先　　　　ψ＝北緯　35°　26'　43.8"　　λ＝東経　139°　18'　34.6"　58.0"

観測日　令和5年9月10日　　　　　　　　　　　均時差　当日＋　2m　3s　視赤緯　当日＋　14.0"

対　回	1	2	3	4	5
日本標準時(観測時)　T=	10:h 1:m 22.0s	10:h 2:m 24.0:s	10:h 3:m 16.0:s	10:h 7:m 15.0:s	10:h 9:m 17.0:s
中央子午線の経度　λ0＝	9	9	9	9	9
世界時　UT＝	1	2	3	2	2
ΔE＝	0	0	0	0	0
強世界時　AUT＝	1 4	5' 2	6' 2	10' 2	12' 2
観測点の経度　λ＝	17	14.3	14.3	14.3	14.3
観測点の地方標時　ALT＝	21	22	23	27	29
太陽との時間差	12				
時角(時相)　th＝	-2	-2	-23	27	29
時角(角度)　t＝	-25' 20' 31.5"	-25' 36' 15"	-25' 49' 15"	27' 48' 46.5"	19' -23" 16.5"
世界時　UT＝	1:h	1:h	1:h	7:m	9:m
暦表時-世界時　ΔT＝	22.0	70.0	70.0	70.0	70.0
暦表時　δ＝	2 32.0	3' 34.0	4' 26.0	8' 25.0	10' 27.0
ET/24h　D＝	0.043425926	0.044143519	0.04447537	0.04751574	0.04892361

S=tan⁻¹(sin t / ((tan δ * cos ψ - sin ψ * cos t)))

『真北方向角の計算』

平面直角座標系の系　λ0=	139° 50' 0.0"
測点経度　λ=	139° 18' 34.6"
λ0 - λ =	31' 25.4"
sin ψ =	0.579928303
真北方向角　γ=(λ0 - λ) × sin ψ	13.4'
γ=	18'
方位座標の方向角　γ'= M(平均値)+γ	
γ'=	80° 12' 37.0"

原点経度　ψ0＝　36°　0'　0.0"

測点緯度　ψ＝　35°　26'　43.8"

『太陽の南中時　J』

日本経緯度原点(東京都港区麻布台二丁目18番1)　　経度　139°　35'　28.89"　　緯度　44'　29.16"

観測点　11h 38m 14s　　11h 39m 58s

11時台

太陽による方位角計算簿

観測場所	厚木市森の里一丁目34番3号 先		ψ=北緯	35°	26'	43.8"		λ=東経	139°	18'	34.6"			
観測日 令和5年9月10日			均時差	当日 +	2m	3s		現和値 当日 +		5'	4"	58.0"		
				翌日 +	3m	6.5s		翌日 +		4'	44"	14.0"		

対 回	1			2			3			4			5		
日本標準時(観測時) T=	11h	6m	16.0s	11h	7m	17.0s	11h	8m	19.0s	11h	9m	19.0s	11h	10m	19.0s
中央子午線の経度 λ0=	9			9			9			9			9		
世界時 UT=	2	6	16.0	2	7	17.0	2	8	19.0	2	9	19.0	2	10	19.0
強世界時 ΔE=	0	2	45.8	0	2	45.8	0	2	45.8	0	2	45.8	0	2	45.8
観測点の経度 λ=	2	10	1.8	2	10	2.8	2	11	4.8	2	12	4.8	2	13	4.8
観測点の観太陽時 ALT=	9	17	14.3	9	17	14.3	9	17	14.3	9	17	14.3	9	17	14.3
玄準時との時刻差	26	11	16.1	27	11	17.1	28	11	19.1	17	11	19.1	17	11	19.1
時角(時間) th=	-1°	12	16.1	-1°	12	17.1	28	12	19.1	29	12	19.1	30	12	19.1
時角(角度)(th×15) t=	-9°	26'	1.5"	-9°	27'	17.1"	4°	29'	46.5"	19°	29'	46.5"	34°	30'	46.5"
世界時 UT=	2h	34'		2h	49'	17.0	8h	4'	19.0	5'	4'	19.0	10'	10'	19.0
暦表時－世界時 ΔT=	6m		70.0	7m		70.0	8m		70.0	6m		70.0	7m		70.0
暦表時 ET/24h	2	7	26.0	2	7	27.0	2	8	29.0	2	101	29.0	2	111	29.0
D=	0.08849537			0.08920189			0.08918981			0.09061342			0.09130787		
δ0=	5°	6'	58.0"	5°	6'	58.0"	5°	6'	58.0"	5°	6'	58.0"	5°	6'	58.0"
Δδ=	4°	2'	0.7	4°	2'	1.7	4°	2'	2.6	4°	2'	3.6	4°	2'	4.5
δ=	41	4	57.3	4	4	56.3	41	4	55.4	41	4	54.4	41	4	53.5
S'=	-17	7	25.9	-16	9	54.4	38	9	54.4	46	7	7.3	35	4	7.3
(m－s)=	163	41	25.9	164	43	54.4	164	38	56.3	165	46	56.3	165	35	56.3
S=	276	12	12.0	275	41	55.0	275	14	570	274	17	570	274	17	570
M=	79	53	37.9	79	53	49.4	79	14	53.3	79	53	24.3	79	53	20.1
平 均 値	79	53	41.2												

S=tan⁻¹(sin t /(tan δ * cos ψ − sin ψ * cos t))

『真北方向角の計算』

平面直角座標系No.	λ0=	139°	50'	0.0"		原点緯度 ψ0=	36°	0'	0.0"
測点経度	λ=	139°	18'	34.6"		測点緯度 ψ=	35°	26'	43.8"
	λ0−λ=		31'	25.4"					

sin ψ= 0.579928303

真北方向角 γ=(λ0−λ)×sin ψ= 13.4"

方位角の方向角 γ'=M(中均値)+γ=

γ'= 80° 11' 54.6"

『太陽の南中時刻』

日本経緯度原点(東京都港区麻布台二丁目18番1)

経度 139° 44' 28.89"

緯度 35° 39' 29.16"

観測点 11h 38m 14s
11h 39m 58s

184

12時台

太陽による方位角計算簿

観測場所　厚木市森の里一丁目34番3号　先

観測日　令和5年9月10日

		ψ＝北緯	35°	26′	43.8″	λ＝東経	139°	18′	34.6″	58.0″
		均時差	当日＋	2m	45.6s	視赤緯	当日＋	5°	6′	14.0″
			翌日＋	3m	6.5s		翌日＋	5°	44′	

対　回		1		2		3		4		5	
日本標準時（観測時）	T＝	12:h	1:m 17.0:s	12:h	4:m 16.0:s	12:h	6:m 18.0:s	12:h	8:m 16.0:s	12:h	10:m 16.0:s
中央子午線の経度	λ0＝	9°	17.0″	9°	16.0″	9°	18.0″	9°	16.0″	9°	16.0″
世界時	UT＝	3°	1°	3°	4°	3°	6°	3°	8°	3°	10°
視世界時	ΔE＝	0°	2.8	0°	1.8	0°	3.8	0°	1.8	0°	1.8
観測点の東大辺時	AUT＝	3°	4°	3°	17°	3°	17°	3°	11°	3°	13°
	λ＝	9°	14.3	9°	14.3	9°	14.3	9°	14.3	9°	14.3
赤緯	ALT＝	12°	21° 17.1	12°	24° 17.1	12°	26° 18.1	12°	28° 16.1	12°	30° 16.1
観測点との時角差		12°		12°		12°		12°		12°	
時角（4時間）	t0＝	0°	21° 17.1	0°	24° 16.1	0°	26° 18.1	0°	28° 16.1	0°	30° 16.1
時角（角度差）(h×15)	t＝	5°	19° 16.5	6°	4° 1.5	6°	34° 315.	7°	4° 1.5	7°	34° 1.5
世界時	UT＝	3:h	17.0:s	3:h	16.0:s	3:h	18.0:s	3:h	16.0:s	3:h	16.0:s
観測時世界時	ΔT＝		70.0		70.0		70.0		70.0		70.0
標準時	ET＝	3°	27.0	4:m	26.0	6:m	28.0	8:m	26.0	10:m	26.0
ET/24h	D＝	0.128701389		0.128773148		0.130185185		0.131150926		0.132939815	
暦表時の視赤緯	δ0＝	5°	0° 58.0″	5°	2° 58.0″	5°	6° 58.0″	6°	6° 58.0″	6°	6° 58.0″
赤緯の補正値	δ＝	0°	2° 52.8	0°	2° 55.6	0°	57.6	3°	59.4	3°	59.4
観測時視赤緯	S″＝	5°	4° 5.2	5°	4° 1.3	5°	4° 12.3	5°	44° 11.7	5°	3° 49.4
太陽の方位角	S″＝	10°	24° 8.8	50°	50° 1.3	48°	48° 12.3	44°	44° 11.7	40°	40° 49.4
	(m−s)＝	249°	24° 57.0	191°	3° 12.0	192°	5° 0.0	193°	8° 12.0	194°	12° 10.0
方位進の方位角	M＝	79°	28° 5.8	248°	53° 13.3	247°	53° 12.3	246°	53° 5.0	245°	79° 59.4
平　均　値		79°	53° 8.8	79°	53°	79°	53°	79°	53°	79°	52°

『真北方向角の計算』

$S'' = \tan^{-1}(\sin t / (\tan \delta * \cos \psi - \sin \psi * \cos t))$

『真北方向角の計算』

平面直角座標系の系　λ0＝	139°	50′	0.0″	139°	0′	0.0″
測点経度　λ＝	139°	18′	34.6″	35°	26′	43.8″
λ0−λ＝	0°	31′	25.4″			
sin ψ	0.579928303					
真北方向角　γ＝(λ0−λ)＊sin ψ	18′	13.4″				
方位進の方向角　γ'＝M(平均値)＋γ	80°	11′	22.2″			

『太陽の南中時角』

日本中央標準点（東京都港区麻布台二丁目18番1）

			11:h	14:s		
	観測点		11:h	38:m	38:s	
			11:h	39:m	58:s	

| | 原点緯度 ψ0＝ | 35° | 0′ | 0.0″ |
| | 測点緯度 ψ＝ | 35° | 26′ | 43.8″ |

| | 経度 | 139° | 44′ | 28.89″ |
| | 緯度 | 35° | 39′ | 29.16″ |

13時台

太陽による方位角計算簿

観測場所　厚木市森の里一丁目34番3号　先

観測日　令和5年9月10日

		ψ=北緯	35°	26′	43.8″		λ=東経	139°	18′	34.6″	
		地物差	当日＋	2ᵐ 45.6ˢ	翌日＋ 3ᵐ 6.5ˢ		地方時差	当日＋ 58.0″	翌日＋ 14.0′		

対回	記号	1 (h m s)	2 (h m s)	3 (h m s)	4 (h m s)	5 (h m s)
日本標準時(観測時)	T=	13h 4m 30.0s	13h 7m 13.0s	13h 8m 27.0s	13h 12m 16.0s	13h 14m 15.0s
中央子午線の経度	λ0=					
世界時	UT=	4 4 30.0	4 7 13.0	4 8 27.0	4 12 16.0	4 14 15.0
	ΔE=	0 2 45.8	0 2 45.8	0 2 45.8	0 2 45.8	0 2 45.8
視世界時	AUT=	4 7 15.8	4 9 58.8	4 11 12.8	4 15 1.8	4 17 0.8
観測点の経度	λ=	9 17 14.3	9 17 14.3	9 17 14.3	9 17 14.3	9 17 14.3
基準時との時刻差	ALT=	13 24 30.1	13 27 13.1	13 28 27.1	13 32 16.1	13 34 15.1
時角(時値)	th=	1 24 30.1	1 27 13.1	1 28 27.1	1 32 16.1	1 34 15.1
時角(角度)(th×15)	t=	21° 7′ 31.5″	21° 48′ 16.5″	22° 6′ 46.5″	23° 4′ 1.5″	23° 33′ 46.5″
世界時−世界時	UT=	4 7	4 8	4h	12h	4h
暦表時−世界時	ΔT=	70.0	70.0	70.0	70.0	70.0
暦表時	ET=	5 40.0	8 23.0	37.0	13 26.0	15 26.0
ET/24h	D=	0.17060182	0.17248426	0.17334490	0.17569537	0.17732685
暦表時0時の視赤緯	δ0=	5° 6′ 58.0″	5° 58′	5° 58′	5° 58.0″	5° 58.0″
示赤緯の補正量	Δδ=	0 0 52.7	0 0 55.3	0 3 56.4	0 4 0.1	0 4 1.9
観測時視赤緯	δ=	5 6 5.3	5 5 2.7	5 3 1.6	5 1 57.9	5 1 56.1
太陽の方位角	S=	37 32 40.2	38 31 54.2	38 58 29.4	40 19 33.9	40 52 59.3
	(m−s)=	20 22.0	31 21 2.0	58 54 29.4	19 33 33.9	0 52 59.3
方位標の方位角	M=	222 53 2.2	221 20 56.2	220 54 37.0	219 33 35.0	218 79 0.0
平均値		79 53 3.4	79 56	79 53 6.4	79 53 8.9	79 52 59.3

S′=tan⁻¹(sin t / (tan δ * cos ψ − sin ψ * cos t))

『真北方向角の計算』

平面直角座標系	λ0=	139°	50′	0.0″
測点経度	λ=	139°	18′	34.6″
	λ0 − λ =	0°	31′	25.4″
	sin ψ =	0.579928303		
真北方向角	γ=(λ0 − λ) x sin ψ	0°	18′	13.4″
	γ′ = M平均値 + γ			
方位標の方位角	M′=	80°	11′	16.8″

原点緯度	ψ0=	36°	0′	0.0″
測点緯度	ψ=	35°	26′	43.8″

『太陽の南中時刻 』

日本経緯度原点(東京都港区麻布台一丁目18番1)

	経度	139°	44′	28.89″
	緯度	35°	39′	29.16″

観測点

太陽による方位角計算簿

14時台

観測場所　厚木市森の里一丁目34番3号　先
観測月日　令和5年9月10日

		ψ＝北緯	35°	26′	43.8″		λ＝東経	139°	18′	34.6″
		均時差	当日＋	2ᵐ	3ᵐ		視赤緯	当日＋	5°	6′	44″

対　回		1			2			3			4			5		
日本標準時(観測時)	T＝	14ʰ	1ᵐ	18.0ˢ	14ʰ	4ᵐ	15.0ˢ	14ʰ	7ᵐ	14.0ˢ	14ʰ	10ᵐ	17.0ˢ	14ʰ	11ᵐ	15.0ˢ
中央子午線の経度	λ0＝ −	9			9			9			9			9		
世界時	UT＝	5	1	18.0	5	4	15.0	5	7	14.0	5	10	17.0	5	11	15.0
均時差	ΔE＝	2		45.8	2		45.8	2		45.8	2		45.8	2		45.8
視世界時	AUT＝	4		3.8	7		0.8	11		59.8	13		2.8	14		0.8
観測点の経度	λ＝	9	17	14.3	9	17	14.3	9	17	14.3	9	17	14.3	9	17	14.3
観測点の視太陽時角	ALT＝	14	21	18.1	14	24	15.1	14	29	14.1	14	30	17.1	14	31	15.1
	−	12			12			12			12			12		
時角(時間)	tʰ＝	2	21	18.1	2	24	15.1	2	29	14.1	2	30	17.1	2	31	15.1
時角(角度)(tʰ×15)	t＝	35°	19′	31.5″	36°	3′	46.5″	37°	18′	31.5″	37°	34′	16.5″	37°	48′	46.5″
世界時	UT＝	5ʰ	1ᵐ	18.0ˢ	5ʰ	4ᵐ	15.0ˢ	5ʰ	7ᵐ	14.0ˢ	5ʰ	10ᵐ	17.0ˢ	5ʰ	11ᵐ	17.0ˢ
暦表時ー世界時	ΔT＝			70.0			70.0			70.0			70.0			70.0
暦表時	ET＝	2ʰ		28.0	2		25.0	2		24.0	2		27.0	2		25.0
ET/24h	D＝	0.210046206			0.212094907			0.21555556			0.216284722			0.21695019		
太陽の視赤緯	δ0＝	5°	6′	59.0″	5°	6′	58.0″	6°	6′	58.0″	6°	6′	58.0″	6°	5′	58.0″
赤緯の補正値	Δδ＝	0	4	46.5	0	4	49.3	0	4	54.0	0	4	55.0	0	4	55.9
観測点視赤緯	δ＝	5	2	11.5	5	2	8.7	5	2	3.0	5	2	3.0	5	2	2.1
太陽の方位角	S＝	56	14	4.7	56	0	13.1	57	16	28.3	57	32	16.5	46	46	44.7
	(m・s)	235	39	40.0	236	0	26.0	202	37	10.0	202	21	23.0	237	6	57.0
方位値の方向角	M＝	79	53	44.7	79	53	38.1	79	53	38.3	79	53	38.5	53	53	41.7
平　均　値				39.9												

『真北方向角の計算』

$S' = \tan^{-1}(\sin t / (\tan \delta * \cos \psi - \sin \psi * \cos t))$

平面直角座標系の	λ0＝	139°	50′	0.0″		原点緯度	ψ0＝	36°	0′	0.0″
測点経度	λ＝	139°	18′	34.6″		測点緯度	ψ＝	35°	26′	43.8″
λ0 − λ ＝		0°	31′	25.4″						

sin ψ＝ 0.579928303

真北方向角	γ＝	(λ0 − λ) × sin ψ ＝	13.4′
	γ'＝	M(平均) + γ
方位値の方向角	γ''＝	M(平均(値)) + γ ＝	80 11 53.3

『太陽の南中時』

日本経緯度原点　東京都港区麻布台一丁目18番1		経度	139°	44′	28.89″
		緯度	35°	39′	29.16″

観測点	11ʰ	38ᵐ	14ˢ
	11ʰ	39ᵐ	58ˢ

太陽による方位角計算簿

15時台

観測場所　厚木市森の里一丁目34番3号　先

観測日　令和5年9月10日

対　回		1		2		3		4		5	
日本標準時(観測時)	T=	15 h	0 m	15 h	2 m	15 h	4 m	15 h	5 m	15 h	7 m
中央子午線の経度	λ0=										
世界時	UT=										
視世界時	ΔE=										
観測点の視太陽時角	AUT=										
観測点の視太陽時角	ALT=										
基準時との時刻差											
時角(時間)	th=										
時角(角度)(th.×15)	UT=										
世界時	ΔT=										
暦表時−世界時	ET=										
暦表時	D=										
暦表時00hの視赤緯	δ0=										
視値の補正値	Δδ=										
観測時視赤緯	δ=										
太陽の方位角	S=										
方位標の方位角	(m−s)=										
	M=										
平　均　値											

$$S' = \tan^{-1}\{(\sin t) / ((\tan \delta * \cos \psi) - \sin \psi * \cos t))\}$$

『真北方向角の計算』

平面直角座標原点 λ0=

測点経度 λ=

λ0 − λ =

sin ψ =

真北方向角 γ = (λ0 − λ) × sin ψ

γ' = M(平均値) + γ

方位標の方向角 γ'' =

原点緯度 ψ0=

測点緯度 ψ=

日本経緯度原点(東京都港区麻布台一丁目16番1)

『太陽の南中時角』

観測点

経度

緯度

・それぞれの観測時間の計算結果を表にまとめた。

・「南中時の方位角」は、観測地点の南中時間を計算し、南中時に太陽の中心を観測した角度である。

・望遠鏡を覗くと十字の線がある。観測点の南中時11時39分58秒に、その十字を太陽の中心に、微動ネジで合わせる。

・11時39分50秒から、望遠鏡を覗きながら、カウントする。

・カウントしながら、微動ネジで、常に太陽の中心にきているように望遠鏡を回転させる。

・8秒後が南中時の太陽の方位角になる。79°53′45″である。

・「南中時との差」は、南中時の太陽の方位角79°53′45″から、計算結果の平均値を引いた値である。

・南中時間に近い11時台の観測でいうと、わずか3.8秒の差である。

・南中時間に近い11時台で観測すれば、方向角の誤差はわずか3.8秒になる。

・「1秒の自転角」は、1秒間での太陽との観測角である。

・「時間差」は、南中時との1秒の自転角の時間差である。

・午前の観測、南中時からの方位角との差はプラスになる。

・午後の観測、12時台のマイナスからプラスへとなる。

	方位角 (°′″)	南中時との差 (″)	1秒の自転角 (″)	時間差 (秒)
南中時	79 - 53 - 45.0	0	0	
9時台	79 - 54 - 50.3	65.3	14.6	4.5
10時台	79 - 54 - 23.6	38.6	19.8	1.9
11時台	79 - 53 - 41.2	-3.8	35.0	0.1
12時台	79 - 53 - 08.8	-36.2	30.2	1.2
13時台	79 - 53 - 03.4	-42.4	20.9	2.0
14時台	79 - 53 - 39.9	-5.1	16.1	0.3
15時台	79 - 54 - 05.3	20.3	11.7	1.7

　南中時の方位角の誤差が最も低いのは、南中時の11時台に観測するのがベストである。

　9時台で1′も違っている。16時台を観測すれば、1′も違ってくるだろう。

　太陽による真北測量を朝や夕に観測した方が良いとホームページ上で載せている土地家屋調査士がいるが、大きな間違いである。

　地球は、公転と自転をしているのである。

　過去の太陽を基準とした地球の自転による1秒による方向角をまとめた。

　夏と冬で大きく違うのは、地球は地軸の傾き23.4度で太陽の周りを公転していることの証明ともいえる。

　夏至の6月が最も地球の自転の速さを感じる時期である。

　太陽の見える高さが最も高くなる時期である。

　しかし、東京での地球の自転速度は、時速約1375km である。

　音速が時速約1225km であるから、音速よりも早く地球は自

転している。

　夏至の６月も冬至の12月も地球の自転速度は同じである。

　なのに、６月と12月で１秒間に地球が自転する太陽との方向角が違うのだろうか。同速で自転しているのに。

　すでに、気づいた方もいらっしゃると思うが、地球は太陽の周りを地軸に対して傾いて公転しているからである。

　地軸の傾きは地球に季節をもたらし、自転は昼夜をもたらす。

　太陽観測による真北測量は、地球の公転と自転の傾きを考慮しなければならない。

　観測時間は、南中時の前後１時間以内が最も誤差を少なくして観測ができる。

1秒の太陽を基準にした地球の自転の方向角（"）					
月	日	場所	10時台	11時台	12時台
1	4	足立	16		
	18	国分寺			16
	21	朝霞		17	
	24	江戸川		18	
	29	市川		17	
2	2	板橋		18	
	12	渋谷			19
	14	所沢		20	
	18	杉並		20	
3	12	世田谷		24	
	20	杉並		26	
	21	文京		26	
	25	武蔵野		27	
	27	港	22		
4	4	板橋		27	
	25	横浜		37	
5	17	横浜		50	
	19	目黒		50	
	24	板橋	31		
6	2	目黒		58	
	24	目黒		59	
	26	板橋		63	
7	11	葛飾	32		
	11	葛飾		59	
	26	板橋	26		
	28	朝霞		47	
8	10	武蔵野		40	
	16	江東		36	
	19	町田		36	
	20	志木		34	
9	7	文京		29	
	22	板橋	21		
10	1	中野		22	
		横浜		23	
	2	世田谷	23		
	21	世田谷		20	
	23	所沢		20	
	25	練馬	20		
11	9	渋谷		16	
	21	板橋	17		
	30	世田谷		16	
12	25	稲城		16	

あとがき

「伝える」「伝承」「引き継ぐ」とは何か。

　土地家屋調査士は、測量の職人ともいえます。測量士と違って、用地測量の専門家です。

　測量技術は測量士が優れています。そんな優れた測量技術を土地家屋調査士も身に着けられると良いと思います。

　土地家屋調査士は、個人事業主で事務所を開業しています。法人としている人も、一部いらっしゃいます。

　一度、事務所を開業してしまうと、技術の進歩はみられません。技術を教えてくれる人がいないからです。

　知識は、所属の土地家屋調査士会の研修で身に着けています。

　1980年ころは、測量の技術は先輩の仕事を見て覚えました。

　見て覚えたことを同僚と一緒に実際にやって、先輩の技術を身に着けました。また、先輩から、教えてもらいながら覚えました。

　このころは、一人前になるのに10年かかると言われていました。

　30年が過ぎた2010年ごろから、測量士も教えてくれる先輩がいなくなってきました。というよりも、技術を教える先輩がいなくなったのです。

　土地家屋調査士においても、技術を教える人がいません。開業して10年以上過ぎても、技術は10年前のままです。

　今では、実務経験の浅い人が新人研修で講師をしています。知識はあるが、技術が追い付いていないのが現状です。

　この本が、少しでも独立開業している土地家屋調査士の技術

の向上になればと思います。

　ご協力いただいた東京土地家屋調査士会文京支部の平星児氏、技術を教えていただきました富士測量のＯＢの鍬下和美氏、有見二郎氏、石川清氏、堀越正信氏、ありがとうございました。

　測量に出合って30年にして、測量技術を磨いて「測量とは」が分かりました。

　それから15年間、用地測量の技術向上を追求してきました。

　将来、用地測量において、ＧＮＳＳ測量は当たり前になってきます。

　ドローンによる境界標の再現が可能になるでしょう。

　測量技術が進んでも、それを使う人間が退化してはいけません。技術と豊かな心を伝えつづける義務があると、私は感じています。

「数字は存在するが数は存在しない」

「測量とは存在しない数を捜すこと」

2024年4月

測量士・土地家屋調査士

加藤　博永

加藤 博永（かとう ひろなが）

学　　歴　　日本大学法学部法律学科法職課程卒業
　　　　　　東京測量専門学校測量科卒業

測量経歴
1978年より　道路台帳（東京都東村山市・武蔵村山市・府中市）
　　　　　　湾岸道路橋梁測量　２級基準点測量
　　　　　　寄付に伴う境界確定測量（２カ所）
　　　　　　奥多摩山林の現況測量
　　　　　　東京都豊島区要町通り道路拡幅工事測量
　　　　　　沖縄モノレール駅設置のための区画整理事業
　　　　　　千葉県鎌足２級水準測量

　　　（1985年　オーストラリアをオートバイで１周達成）
　　　　　　（走行距離21,763km）

1989年より　道路台帳（東京都板橋区）
　　　　　　土地払下測量（板橋区３カ所、中野区、荒川区）
　　　　　　物納の土地分割測量（板橋区７、世田谷区３カ所）
　　　　　　寄付に伴う道路境界確定測量（板橋区内３カ所）
　　　　　　道路境界確定測量（100カ所以上）
　　　　　　都市整備境界測量（板橋区６ha）用地測量
　　　　　　道路拡幅のための用地測量（板橋区）
　　　　　　土地境界確定測量・確認測量（500カ所以上）
　　　　　　土地境界復元測量（300カ所以上）
　　　　　　隣地立会測量（900人以上）

2000年より　独立開業
　　　　　　道路台帳（東京都板橋区）
　　　　　　道路境界確定測量（200カ所以上）
　　　　　　土地境界確定測量・確認測量（1000カ所以上）
　　　　　　筆界特定申請用境界測量（荒川区、練馬区）
　　　　　　筆界特定申請代理人（目黒区）
　　　　　　東京都板橋区地籍調査（３地区）

登録済資格　測量士・土地家屋調査士・地積主任調査員

著者プロフィール

加藤 博永（かとう ひろなが）

日本大学法学部法律学科法職課程卒業
東京測量専門学校測量科卒業
測量士・土地家屋調査士・地積主任調査員

（詳しいプロフィールは前ページに掲載）

土地家屋調査士　うんちく先生

2024年6月15日　初版第1刷発行

著　者　　加藤 博永
発行者　　瓜谷 綱延
発行所　　株式会社文芸社
　　　　　〒160-0022　東京都新宿区新宿1−10−1
　　　　　　　　電話　03-5369-3060（代表）
　　　　　　　　　　　03-5369-2299（販売）

印刷所　　株式会社フクイン